この本を刊行するにあたり、
愛すべき四人の息子たちが一致団結して
協力してくれたことに感謝したい。

大吾、彗吾、怜吾、亮吾は、
昔も今も私の自慢の息子たちである。

この本は松丸家の歴史そのものであり、
私と息子たちとの絆の証でもある。
そして妻であり、息子たちのママである
順子への私からのラブレターかもしれない。
この本と、この本を作るまでの時間は、
生涯忘れることのない宝となった。

松丸悟

# 松丸家の育て方

松丸悟
メンタリストDaiGo
松丸彗吾
松丸怜吾
松丸亮吾

# はじめに

この本のタイトルは、『松丸家の育て方』です。

世間から天才と呼ばれている松丸四兄弟と、その父である私とがタッグを組み、これまであまり公表してこなかった四兄弟のルーツや人間形成の秘密、四兄弟のママであり私の妻、順子の教育方針や松丸家の教育環境など、ありのままを包み隠さず語った『松丸家の歴史』を紐解く一冊になっています。

日本で唯一のメンタリストとして活躍する長男の大吾（本文中はメンタリストＤａｉＧｏではなく大吾と表記）をはじめ、東大生の謎解きクリエイターとして有名になった亮吾など、息子たちがテレビやYouTubeなどで注目されるにつれ、少なからず私も『子どもたちの教育方針や子育て』などについて、いろいろと質問される機会が増えてきました。

そのようなこともあり、今回の出版は、松丸家のことを知っていただく絶好の機会だと思っています。

松丸四兄弟は、長男の大吾や末っ子の亮吾だけでなく、他の兄弟たちもいまやそれぞれの道で活躍しています。次男の彗吾は、挫折を味わいながらも軌道修正し、億を稼ぐプログラマーとして成功しました。三男の怜吾は、薬剤師の資格を取得し、調香師として会社勤めをしながら、バンドのドラマーとして音楽活動をするなど多才な能力を発揮しています。四者四様、自分の道を各自で切り開きながら着実に前進しているのです。

息子たちには事あるごとに話していますが、医師からは妊娠・出産は不可能だと言われながらも、妻は命がけで四人の子どもを生んでくれました。息子たちもそのことを十分理解しているからこそ、それぞれの生き方を大事にしてくれているのだと思います。

この四兄弟が、どのような家庭環境で、どのような教育方針の下、どのように育っていったのか。本書では、できるだけその部分にスポットを当て、真実だけを記したつもりです。

亡くなった妻は勉強が好きで、子育てや子どもの教育について、いろいろと学んでは実践していました。子どもの成績が悪いときは、子どもを責めることなく、自分の教え方や教育方法が悪かったと、自省している姿を間近で見てきました。子どもたちもそんな母親のために頑張っていたのかもしれません。

おそらく妻が生きていたら、『松丸四兄弟を育てた母』として、講演会などに引っ張りだこだったのではないかと思います。私たち夫婦は家族計画といいましょうか、子どもたちの子育てについて、本当にたくさんの時間を使って話し合い、共有してきました。妻が亡くなり10年目を迎えようとしているいま、それらを伝えることができる機会に恵まれたことに感謝いたします。

ただ、本書で語られている私や妻が実践してきた子育てや教育方法のすべてが正しいとは思っていません。読者の皆さんや私の息子たちが家庭を築き、自分の子どもを育てるときの参考になることが少しでもあれば、そんな気持ちで書かせていただきました。

今の私には、二つの夢があります。一つ目の夢は、趣味である詩吟を若い世代に伝えることです。実はあと数年で、詩吟の人口はいまの半分にまで減ってしまうと言われているのです。そのため、一般の子どもたちや若い世代の人たちが少しでも詩吟に興味を持ち、詩吟人口を増やしていける活動ができればと考えています。

二つ目の夢は、ボランティア活動です。新しくワゴン車を購入したのですが、これはカラオケなどの音響設備を積んで、全国の施設を巡りたいと考えたからです。私は意外と器用で、自分で司会をして、自分で歌って、なんなら自分でボケまでできると思っています(笑)。

大吾からは、人生は時間を売ったり買ったりしているようなものだから、自分の命を大切にすることは、時間を大切にすることと同じだと言われました。無駄な集まりに行くと、無駄なお金も出ていきます。『自分の時間を大切にする』という意味からも、いまはこの二つの夢の実現に向けて、時間を大切に使いながら日々忙しく過ごしていきたいと思います。

今回、『松丸家の育て方』を出版できたことは、私にとってもこれからの人生の良い節目となりました。企画し、協力してくれた最愛の息子たちに感謝を込めて。

松丸　悟

日本で唯一のメンタリストであり
日本屈指のサブスク（Dラボ）を運営

独学でプログラミングを習得し
月8億稼いだエンジニア

薬剤師、調香師、ドラマーとマルチな才能を発揮



東大生の謎解きクリエイターで謎解きブームの仕掛け人

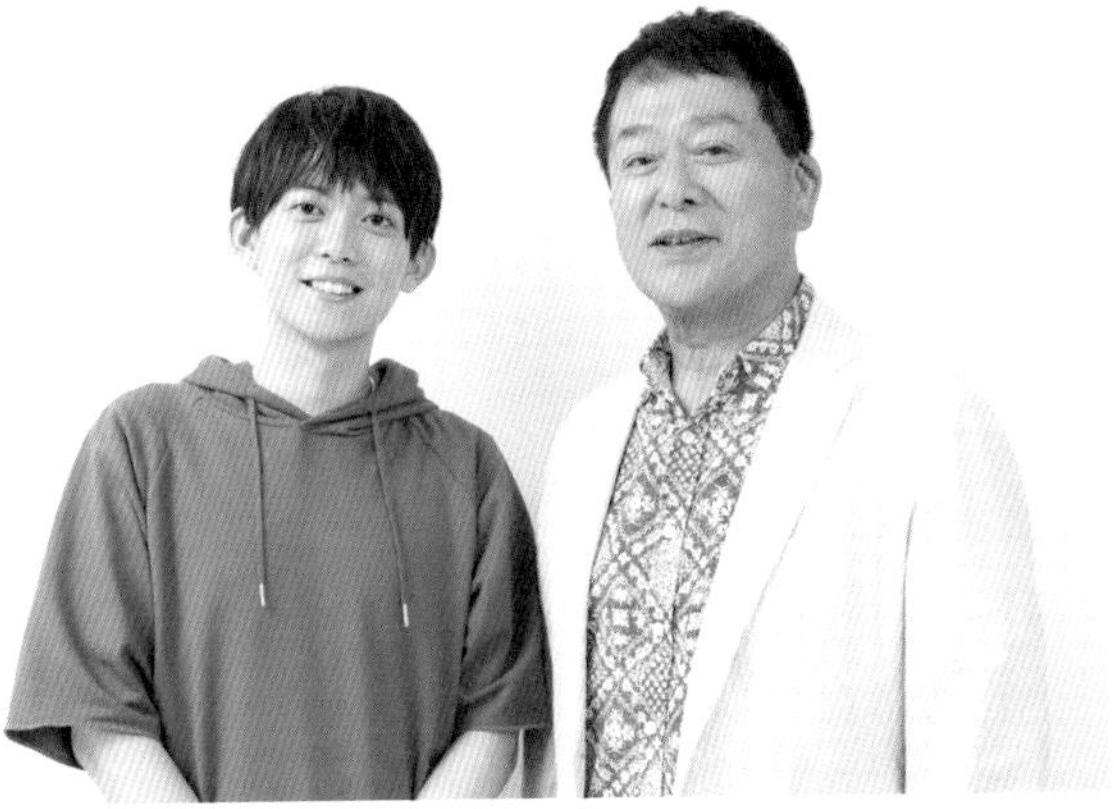

# プロローグ

## 妻との出会い

松丸家の話をするからには、松丸家の原点となる出来事、妻である順子との出会いから話を始めたいと思います。私と妻との出会いはテニススクールで、二人とも30代に差し掛かっていた頃でした。

当時の私は、ディズニーランドを運営するオリエンタルランドに帽子を納めている会社に勤めていました。妻は薬剤師として外資系の製薬会社に勤務。今で言うキャリア女子のはしりで、結婚して男性に頼らなくても生きていけるという理由で薬剤師の仕事を選んだようです。事実、私と結婚していなかったら、キャリアウーマンになっていたと、よく言っていました。

それだけ芯が強く、「嫌なことは嫌」と、「YES」「NO」をはっきりと言える女性で、結婚後、宗教をしているいとこが勧誘に来たときもビシッと断っていました。我が妻ながら、本当に頼もしかったのを覚えています。

一方、私はというと、良い言い方をすれば、『和』を重んじる、明確に「NO」と言えない、どちらかというと婉曲的にやんわりとモノゴトを断るタイプになります。

おまけにバックグラウンドもまったく違い、妻は薬学部でバリバリの理系女子。私は学習院大学で文系を専攻していました。そんな二人が、たまたまテニススクールのクラス分けで一緒になったのをきっかけに、伊豆や妻の会社のテニスコートを借りてテニスをしたり、ボーリングをしたりして、デートを重ねるようになったのです。

ボーリングは私の得意なスポーツで、大学生のときにはボーリング部に所属していたほどです。アベレージで200点前後の腕前だったこともあり、デートのときだけでなく結婚後も家族を連れてよく行っていました。息子たちには子供用のマイシューズとマイボールを買ってあげていましたし、勉強が辛くて亮吾が落ち込んでいるときなども気分転換のために連れて行くことがありました。

妻は大学に入学するタイミングで静岡から上京し、一人暮らしをしていたため結婚前から料理は上手でした。実は、初めてアパートに招待されたとき、手作りハンバーグを振舞ってもらい、その美味しさにガッチリ胃袋を掴まれたことが、結婚を意識したきっかけの一つでもあります。

性格もバックグラウンドも正反対の二人が、デートをするようになった一番の理由は、自分で言うのも照れますが、お互いに第一印象が良かったからだと思います。というのも、私は生まれながらに人当たりが良く、いわゆるみんなと仲良くできるタイプで、愛されキャラだったのです。四人の息子の中では、亮吾が一番自分に性格が似ていると思います。最近は顔も似てきたと言われるようになってきました。

大吾は、このときの話を妻から聞いたことがあるようで、「子ども好きだったので、この人なら子どもを大事にしてくれるだろうと好印象ではあったけれども、それ以降あまりテニスをしてくれなかったから、もしかしたら女性との出会いが目的だったかもしれない」と、そのときの疑念を子どもたちに話していたようです。

今だから正直に話しますが、彼女の読みは概ね当たっていました。どうやらナンパ目的は、あっさりと見抜かれていたようです(笑)。

そんな二人が少しずつ愛を深めていき、結婚を意識するようになったとき、今なら絶対にそんなことは言わないと思いますが、「結婚したら私の親と同居してもらうことになりま

PERSON'S
PERSON'S CLUB WORLD COLLECTION
CLUB

す」と、彼女に打ち明けました。それだけ交際に真剣だったのです。

なぜ同居が条件だったかと言うと、親が兄夫婦と同居するために家を建て、しばらくは一緒に生活を続けていたのですが、あるとき義姉の実家に夫婦して引っ越すことになり、出て行ってしまったのです。結果、私がその家を継ぐことになり、「結婚するならこの人しかいない」と確信したときに、打ち明けたというわけです。彼女から了解をもらったときは本当に嬉しくて、すぐに親に会わせたことを覚えています。


ただ、妻のことを「一生守っていこう」と思った決定的な出来事は、渋谷駅での待ち合わせに、私が遅れて行った日にありました。

当時は携帯電話もスマホもない時代で、しかもその日に限って緊急の会議が入ってしまい、待ち合わせの時間に1時間半も遅れてしまったのです。迷子の呼び出しのように、直接駅に電話をして、場内アナウンスをお願いするなんてサービスもない。たとえ遅れるとわかっていても、連絡を取ることができないまま相手を待たせるしかない時代でした。

今では考えられませんが、『何分待つことができるかで、相手の本気度がわかる』という記事が雑誌で特集されていたほどです（笑）。

結局妻は帰らずに、1時間半も私のことを待っていてくれました。ただ、そこまで遅れると怒りを通り越して、事故にでも遭ったんじゃないかと心配になりますよね。だからなのか真相は定かではありませんが、デートの途中で妻が突然泣き出してしまったのです。

妻の性格だから、1時間半も待っていた自分が悔しかったのか、情けなかったのか、あるいは、私が無事に待ち合わせ場所に現れたことによる安堵の涙だったのか……。ただ、その涙を見たとき、「この人を一生守っていこう！」と、強く心に誓ったことは確かです。

## 別れの電話

両親に紹介すると、二人とも彼女のことを気に入ってくれました。このまま結婚に向けてまっしぐらという幸せの絶頂期に、彼女が女性特有の体調不良を訴え、婦人科で診てもらうことになったのです。

結果、子宮の中に肉の塊である筋腫が見つかりました。しかもこの筋腫が少し厄介で、妊娠して赤ちゃんが育つと筋腫も一緒に育ってしまい、赤ちゃんの栄養を奪ってしまうような場所にありました。要するに、子どもを授かっても赤ちゃんに栄養が届かないため、90パーセントの確立で生むことはできないと言われたのです。

彼女は、子どもを生めない体だと宣告されたことがショックで、泣きながら電話をかけてきました。涙声で突然「私のことを振ってください」と、頼んできたのです。

携帯電話のない時代ですから家の固定電話にかかってきたのですが、さすがにこれはただ事ではないと、自分の部屋の子機に繋いでじっくり話を聞きました。最初は泣いてばかりで、正直何が起こったのかまったくわかりませんでした。

そのうち彼女も落ち着きを取り戻し、よくよく話を聞くと、「子ども好きの悟さんに、私は子どもを生んであげることができない」と話すわけです。

結婚を決意した相手から、90パーセントの確立で子どもを生むことができないから、自分のことを振ってくれと言われて、「はい、そうですか。わかりました」なんて答えられるはずがありません。私は反射的に、「子どもは二人が結婚した結果として授かるものであって、たとえ授からなくても二人の恋愛期間が長く続くと考えて、夫婦二人で仲良く生きていけばいいじゃない。松丸家の跡継ぎにしても、他の兄弟が継げばいいだけのことなんだから」と、無我夢中で説得したのを覚えています。

最終的に彼女も納得してくれ、テニススクールで初めて会ったときから半年後の6月には、妻の実家がある静岡で結納を交わし、その年の10月に結婚式を挙げることができました。今で言う『スピード婚』で、大吾に言わせると、「恋愛に関する決断力は、僕よりも遥かに上」だそうです（笑）。

それまでにも人並みにいろいろな人とお付き合いをしてきましたが、結婚しようという気にならなかったのは、今考えると運命の相手ではなかったんですよね。彼女と知り合って話がとんとん拍子に進んだのは、「人生のパートナーはこの人以外にいない」と、ごく自然に思えただけのことなのです。

ただ、肝心なところで私はおっちょこちょいというか天然というか、結婚式でもドジを発揮してしまい迷惑をかけてしまいました。

赤坂の日枝神社で結婚式を迎えるにあたり、ブーケと結婚指輪を預かったのですが、当日妻から言われるまで、家に指輪を忘れてきたことに気づかなかったのです。

ブーケは今でも私の部屋に飾ってありますが、さすがにこれは大きいから忘れません(笑)。しかし結婚指輪は、成田山のお不動さまの前に大切に置いたまま家を出てしまったのです。慌てて親に電話をかけましたが、すでに家を出発した後だったため、私は参列者の指輪を、妻は式場の指輪を借りて式を挙げ、なんとかその場をしのぎました。

それでも幸せな家庭を築けたわけですから、失敗も月日が経てばただの笑い話になるということです。


文章にすると恥ずかしいですが、妻との結婚生活は本当に幸せでした。妻の命日は4月9日なのですが、私は彼女と天国でも結婚したいと考えています。実は同じ日に亡くなると、天国で必ず会えるという言い伝えを聞いたことがあります。私はそれを信じ、自分が死ぬのも4月9日と、いまから決めています。

ただ占いによると、どうやら私は90歳まで生きるらしいのです。あと23年はこの世に存在するわけです（笑）。しばらく天国の妻とは会えそうにないため、いまは趣味の詩吟を楽しみながら、妻の分まで人生を楽しみたいと思っています。

話が逸れましたが、このように少し天然な私と、少し強気な性格の妻とが一緒になって、松丸家が誕生したのです。

結婚後、「僕のどこに惹かれて結婚してくれたの？」と、妻に聞いたことがあります。わざわざ本人に確かめるぐらいですから、私としては褒め言葉を期待していたのですが、その答えはなんと、「すごく扱いやすい人だったから」でした（笑）。

妻は結婚前に昔の写真をすべて処分するような人でしたから、それまでに付き合った方が気難しい人だったのか、面倒くさい人だったのかまでは知る由もありませんが……ただ、私が妻の手のひらの上で転がされ続けていたことだけは確かなようです。

妻の一面がわかるエピソードをもう少しだけ披露します。

妻の父親は、静岡帝大の教養学部を卒業した後、学校の先生になり、校長先生にもなられた方です。静岡の実家に遊びに行ったときには、大吾も感想文を見てもらっていました。

普通なら、学校の先生である父親とその子どもが同じ学校に通うことはあまりないのですが、妻は一時期、父親と同じ学校に通っていたそうです。理系に進学するほどでしたから、子どもの頃から数学が得意で、おまけに父親は優秀な教師です。

そこである日、担任の先生は妻を壇上に呼んで、黒板に模範解答を書いてもらおうとしました。しかし、たまたまその問題が難しくて、妻は答えられなかったそうです。

担任の先生は妻にからかわれたと思い、「君がわからないわけないだろう！」と、一方的に怒ったそうです。そのことが子ども心によほど悔しかったのか、私と結婚するとき、「教師の人とだけは結婚しないと決めていた」と話していました（笑）。

思ったことをはっきり言うという点では、大吾や怜吾が妻に似ているかもしれません。

実は夫婦喧嘩のとき、「婉曲的な表現はできないの？」と言ったことがあります。そのときの妻からの反論が、「私は文系じゃないから言えない」でした。妻の言うとおり、研究データを扱うという仕事柄なのか、あいまいな妥協を許さない部分がありました。

今となっては冗談か本気かわかりませんが、妻は「私は四人も子どもを生んだのだから、全員を引き連れて『90パーセントの確率で子どもは生めません』と言った医師に〝藪医者！〟って言いに行く」と、話していたこともありました（笑）。

「子どもは神様からの授かりものだから」と、私は反対しましたが、妻の性格を考えると、医師のその発言があったからこそ子どもを生むことができたのかもしれません。

ただ、もしあの電話のときに別れていたら、大吾、彗吾、怜吾、亮吾は、誰一人としてこの世に存在していなかったことになります。そう考えると、未来のことを頭だけであれこれ考えて結論を出すのではなく、運命を信じて身を委ね、突き進むことも大切だと思います。この先、どんな人生が待っているのかなんて、誰にもわからないのです。

だからこそ、子どもたちには自分の信じる道を歩んでほしいと思いますし、周りの人と良好な関係を築いてほしいと思っています。そのためには、絶対にくじけない、めげない人間に育つことが重要だと考えています。

現に、結婚前には90パーセントの確立で子どもは授からないと思っていた私が、こんなに素晴らしい四人の息子たちと出会えたわけですから……。

VEEB SPORT
Club

# 父　悟

# 長男　大吾

## 大吾誕生

大吾はハネムーンベイビーでした。

「場所はどこだったの？」と、大吾から聞かれましたが、そこまでは特定できません。何しろ婚前交渉なしからの新婚旅行でしたから……。ただ、大吾の海外旅行好きは、『海外産？』から来ているのかもしれません（笑）。

それでは大吾の話をする前に、せっかくなので新婚旅行の話を少々。

妻も私もヨーロッパを希望していたため、旅行代理店に勤めていた友だちの紹介で、南ドイツの山岳地帯シュヴァルツヴァルトとスイスに2週間の日程で行きました。当時の新婚旅行としては、2週間は長い方だったと思います。ここだけの話、妻はロマンティック街道とドナウ川方面を希望していたのですが、値段が高かったため、そこよりはお手頃なシュヴァルツヴァルトに私が決めました。

この場所は針葉樹が生い茂った森林地帯で、上空からだと黒く見えることから、ドイツ語で『黒い森』を意味する『シュヴァルツヴァルト』の名がついています。多くのグリム童話の舞台にもなっていたこともあり、風光明媚で神秘的な森を想像していたのですが、酸性雨の被害により木々は枯死し、黒い森の面影はすっかりなくなっていました。これが新婚旅行で妻に怒られた一つ目になります。

実はあと一つ、怒られたことがあります。それがスイスのアルプスでの出来事になります。いまから思えば黙っていればよかったのですが、ツアーの人たちと氷河のトンネルを歩いているとき、私がオナラをしてしまったのです。

最初に「なんか臭いですね！」と言ってしまったため、みんなにばれてしまい夫婦そろって恥ずかしい思いをしました。嘘をつけない性格なので、ごまかすのが下手だったみたいです……。私らしいと言えば私らしいんですけどね(笑)。

ただ、社交的な面も新婚旅行では存分に発揮していました。私は折り紙が好きなのですが、スイスのトロッコ鉄道の売店員さんに折り紙を教えてあげたら、お礼にチョコレートを貰ったというエピソードもあります。

この他にもいろいろな思い出があるのですが、大吾はそんな新婚旅行の翌年、１９８６

年11月22日に自然分娩により誕生しました。

その日は土曜日で、私は会社で働いていました。仕事中に「もうすぐ生まれそう」と連絡が入り、急いで会社を早退し、新幹線に飛び乗りました。妻は里帰り出産だったため、静岡の実家に帰省していたのです。

静岡の病院までは東京から2時間もかかりませんが、気ばかりが焦ってしまい、ずっと落ち着かなかったのを覚えています。今のように携帯電話がないため、病院に着くまで一切状況がわからないのです。しかも妻は、90パーセントの確率で子どもを生めない体と言われていた背景もあり、普通の人の出産以上に心配していたわけです。

病室に着いて、看護士さんから「松丸さん、元気な男の子が生まれましたよ」と聞かされたときには、大げさではなく飛び上がって喜びました。

そのため大吾の出生時の体重、2680グラムはいまだに忘れていません。2500グラム未満で生まれてくると『低出生体重児』、当時で言う『未熟児』でした。大吾は小さいながらも、そのラインは超えて生まれてきてくれたのです。

翌日が日曜日だったこともあり、そのまま何日間か静岡に滞在することにしました。こう見えても料理はマメにするほうでしたので、酸っぱい物が食べたいと言われれば買いに行って作ったり、妻の世話をしたりしながら付き添っていました。

二人にとっては待望の赤ちゃんだったこともあり、妊娠がわかった途端、キャリア女子の妻があっさり会社を辞めて万全の体制で臨んだ出産でした。しかも妻は、検体に微生物が混入されていないか抜き打ち検査を行う工場の部署から、都内の支社への転勤が決まっていたのを断っての退職です。結婚する前から東大の不妊科外来でいろいろとご指導を受けるなど、無理だと言われながらも諦めずに頑張っていましたから、キャリアよりも授かった子どもに集中して向き合いたかったのだと思います。そのため、私以上に大吾の誕生が嬉しかったのか、私が静岡の病院から帰るとき、ラブレターをくれたのです。

「悟さんと知り合っていなかったら、私は結婚してなかったと思います。
あのままキャリアウーマンとして生きていたはずです。
私は子どもを生めない体と言われましたが、子どもを授かることができました。
恩返しとして、一生懸命に育てていきます」。

という内容で、手紙の最後に、「これが私が悟さんにあげる、最初のラブレターかしら」で締めくくられていました。

子育てにおいて、子どもと向き合う時間や接し方は千差万別です。出産してもキャリアアップを目指す女性もいますし、自分の趣味などの時間を大切にしながら、バランス良く子育てをしている女性もいらっしゃいます。しかしこの手紙を読んだとき、妻の順子は子どもたちに自分のすべての時間を捧げるつもりで子育てをしていくのだという、覚悟のようなものを感じました。

筋腫ですが、大吾が生まれた後も残っていたため、子宮を切って除去しました。この手術により、「臨月になって子宮が大きくなったときに、切断面から破裂する可能性がありますから、二人目のお子さんは遠慮してください」と、医師から告知されました。

## 松丸家の教育方針

息子たちの名前の由来ですが、私の名前が『悟』なので、『りっしんべん』に『吾』で『小吾』。息子には自分よりもデカイ人間に育って欲しいという願いを込めて、『大吾』としました。『大悟』の方が、仏教用語では『大吾』よりも良い意味があることはわかっていましたが、妻と話し合って『大吾』に決めました。

ちなみに次男の『彗吾』は、彗吾が生まれた年に、人名用漢字に彗星の『彗』の字が認められたのを妻が見つけてきたことがきっかけです。しかし彗星って流れ星ですよね。意味的に良くないのではと調べたところ、良い意味だったため、『彗吾』に決めました。ただ、「すいご」とは読ませず、「けいご」と読ませるようにしましたが、いまだにちゃんと読んでもらえないみたいです(笑)。この名前は本人も気に入ってくれているようで、生まれてきた自分の娘(私の可愛い初孫)の命名のときには、その年から採用になった人名用漢字がないか調べたみたいですが、残念ながらなかったそうです。

三男の『怜吾』は、『りっしんべん』に令和の『令』。この名前には『物事を悟る』という意味があります。

四男の亮吾のときは、女の子が生まれてくると妻は思っていたため、樹木の『樹』で、『いつき』とする予定でした。ご存知のように男の子が生まれたわけですが、『樹』なら、男の子が生まれてきても命名できると妻は思っていたみたいです。そのため当初の予定通り、妻は『樹』にしたいと言ったのですが、私は一人だけ名前に『吾』が付いていないと、子どもが大きくなったときに、「なぜ自分の名前にだけ〝吾〟が付いていないの?」と、必ず言われるからと反対しました。

結果的に私の意見が採用され『亮吾』に決まりました。これからの時代、グローバルな活躍が求められるため、外国人からも呼びやすく、覚えやすい名前にしたつもりです。

しかし大吾に言わせると、「ダイゴ」という発音は外国人からはとてつもなく言いづらいらしく、必ず「ディーゴ」と言われるそうです。最近では開き直って、「ディーゴと呼んで!」と、自ら公言しているようです。

自分で命名しておいて何ですが、大吾、彗吾、怜吾、亮吾と、息子たちの名前はとても気に入っています。ただ、全員に『吾』が付いているため、怒るときに全員の名前を言ってしまうという難点はあります。別にボケているわけではなく、怒るときは頭に血がのぼっているため、昔からずっとです。

これに対し、一番冷めていたのが亮吾で、私が真剣に怒っているにもかかわらず、全員の名前を言って怒るもんだから、「僕は亮吾です！」って、怒られている最中に臆することなく言うわけです。自分に似て憎めないというか、あざといというか……（笑）。

話を大吾に戻すと、妻は授かった子どもをとにかく大切に育てていました。製薬会社で微生物の研究をしていたこともあり、哺乳瓶でミルクを作るときは、傍から見ると『何かの実験をしている人』に見えるほど、やりすぎなくらいに殺菌をしていました。大吾によると、そこまで殺菌する必要はないという説が、いまではあるみたいです。

この頃の妻は、大吾を抱っこしながら、会社から帰宅する私のことを毎日迎えに来てくれていました。会社を出るときに妻に〝帰るコール〟をすると、時間を見計らって、駅と家との中間くらいの場所で待ってくれているのです。そこから家族3人で、今日あった出来事などを話しながら帰っていました。親と同居していたこともあり、家に1秒でもいたくなかったという説もあるかもしれませんが、理由はともかく、私にとってすごく幸せな時間でした。

会社の同僚からは、「結婚してから付き合いが悪くなったなあ」とからかわれましたが、「子どもが可愛くってね」とかわして、まっすぐ帰宅していました(笑)。

このように、妻と私は本当にたくさん会話をしました。特に大吾が生まれてからは、子どもの教育方針についての話が多かったと思います。子どもに対し、パパとママが自分の考えを好き勝手に伝えても、子どもは混乱するだけです。松丸家には、松丸家としての教育方針が必要なのではと考えたのです。

そこで私たち夫婦は、『答えは親が教えるのではなく、子どもに考えさせる』という教育方針を決めました。問題が起きたときに、こうあるべきだと親が答えを教えて導くのではなく、子どもが自分で問題の答えを考え、自力で解決できる人間に育てるということです。これは、子どもの個性を伸ばすことにも繋がるわけです。

この教育方針について大吾は、「自分の型にはめて子どもを育てる親を多く見かける。この教育方針はうまくいくと子ども全員が東大医学部に入学できるほど成功するが、だいたいの場合は一人だけが合格し、他の子どもたちは没落する場合が多い。子ども全員が別々の道で成功するケースが少ないのは、親の教育方針が問題のことも多々ある」と、メンタリストの視点から語っていました。

私たち夫婦は、子どもを親の型にはめるのではなく、個性を伸ばすことを第一に考えて接することにしました。それは、自主性に任せて勉強はしなくてもいいということではありません。将来、自分が好きな道に進むための足がかりになる唯一の武器が勉強です。だからこそ勉強はしっかりやる。その代わり、将来どの道に進むのかは、子どもたちが自分たちで自由に考える。

松丸家では子どもたちに、「医者になれ！」などと言ったことは一度もありません。ただ、進みたい道を見つけたときの選択肢が増えるから、しっかりと勉強をして少しでもいい大学に入った方がいいとは伝えていました。

あと一つ、『子どもには投資をしよう』ということを大吾が生まれたときに決めました。お金や財産はいずれなくなるものですが、子どもの教育にかけたお金は、知識や教養となって子どもの中に残ります。そのため漫画については制限していましたが、本は無限に買い与えていました。これは一例ですが、『子どもに知識をつけさせるための投資』と考えたわけです。

基本的な知識や一般常識がないと、自分の道を選びたくても、選ぶ思考力さえ欠落した人間に育ってしまいます。大切なのは、選ぶ思考力を備えた上で、自分のやりたいことを見つけ、自立した大人になってくれることなのです。

実は、私と妻には、結婚するときに理想とする夫婦像がありました。それは、夫婦で机を並べて勉強することです。家に机を二つ置き、夫婦がそれぞれの机で好きな本を読んだり、勉強したりして時間を過ごすのです。妻の上司に実践している方がいて、それを真似する予定だったのですが、残念ながら仕事が忙しくて実現できませんでした。

ただ、子どもの教育については本当によく話し合っていました。子どもを怒る人、怒らない人ではありませんが、夫婦が子どものことを別角度から観察し、それぞれが役割を分担して接することは、とても大切なことだと考えていたからです。

## 大吾の幼稚園時代

幼少期の大吾は、初めて会う駅員さんにも愛嬌を振りまいて挨拶するなど、とても人懐っこい子どもでした。当時、巨人軍（読売ジャイアンツ）で人気の高かった二枚目ピッチャーが、公園で雑誌の取材を受けていたところに出くわしたときは、取材の様子が珍しかったのか、ひょこひょこと近づいていったかと思ったら仲良くなり、そのまま雑誌に載ったこともあります。実はそれが大吾の雑誌デビューでした。

また、『三つ子の魂百まで』と言いますが、その頃から大吾はきれいなお姉さんのことが大好きでした（笑）。

そのことを証明するエピソードがあります。家族で大規模公園に遊びに行ったとき、私が車を駐車場に停めていた隙に大吾の姿が見えなくなってしまったのです。

焦って妻と探しましたが、どこに行ったのか見つからない。ちょうど5月の節句の頃で大きな鯉のぼりが天高くあがっていました。もしかしたらそれを眺めているのかもしれないと行ってみたら、なんと若いカップルのところにいて、しかも女性の方と話し込んでいたのです。こちらとしては誘拐されたのかと、メチャクチャ心配して探しまくっていたわけです。それが3歳にして美女をナンパしていたというオチに、思わず笑ってしまいました。いまの大吾を見る限り、三つ子の魂は大人になっても受け継がれているようです。

幼稚園は、四兄弟とも同じところに通っていました。本当は地元の幼稚園に入園させる予定でしたが、定員の関係からくじ引きになったのです。大吾に引かせたら外れたため、園長先生から紹介された幼稚園に行くことになったといういきさつがあります。

幼稚園でのエピソードとしては、これまでも何度か話したことがありますが、『凧揚げ事件』が思い出されます。私は、親が参加するような行事には必ず妻と二人で足を運んでいました。そのときはお正月に親子で揚げる凧を作るというイベントでしたが、先生が凧の作り方を教えてくれる場所に大吾だけがいないのです。

「あれっ？」と思って大吾を探すと、集団とは離れた場所で、黙々とひとりで凧を作っているではありませんか。親としては仲間外れにされたのかと、心配になりますよね。そこで、凧揚げをしているときに、何で先生やお友だちと一緒に作らなかったのか、その理由を聞いてみたのです。

すると、「先生は四角い凧の作り方を教えていたけど、それじゃつまらない。僕は、三角の凧が作りたかったの」という返事が返ってきました。その頃から大吾の独自性が発揮されていたのかもしれません。そしてとうとう、みんなと同じ四角い凧ではなく、アメリカの有名なベンジャミン・フランクリンが雷雨の中に揚げていたような三角の凧を完成させたのです。

もちろん、大吾と実際に三角の凧を揚げてみました。私が持って、大吾が走って揚げようとするのですが、ぐるぐる回ってなかなか揚がらない。

「うまくあがらないけど、どうしたらいいと思う？」と私。

「尻尾を付ければいい」と大吾。

ここでも私は子どもに答えを教えずに考えさせました。

「凧に尻尾を付ければ、バランスが取れて揚がるようになるよ」と、すぐに答えを教えて実際に揚げて見せ、子どもに自慢したり、良く思われたりしても仕方ないですからね。大切なのは、子どもが自分の頭で考えて、解決する方法を見つけることです。

大吾の凧も紙の尻尾を付け、二人で何度か挑戦しましたが、それでもくるくる回って揚がらない。そこで、今度は少しずつ尻尾を重くしていったのです。これも大吾のアイデアで、最後には大空に凧を揚げることができました。

大吾は周囲とは違う三角の凧を作り、尻尾を付ければ揚がることを自分で考え、見事に凧揚げに成功したわけで、本人にとってもこのことは自信に繋がったはずです。そしてこのときの経験が、メンタリストやサブスクによる動画配信サービス〝Dラボ〟という、人とは違う道を歩む『開拓者精神』として受け継がれるわけですから、独自性や個性を伸ばすという教育方針は正しかったのだと、胸を張って言えると思います。

## 小学生のときのいじめ

小学校に入学した大吾は、自己主張が強かった子どもで、だからこそいじめられていたのだと思います。

子どもの頃は特に、仲間意識からか周囲と違うことをすると、無視されたり嫌がらせを受けたりすることがあります。それはとても辛いことですが、本人は自分が正しいと思う行動をしているだけなのです。

しかもいじめは、家族など周囲に心配をかけたくないからと、自分で抱え込んでしまうケースも多い。本人が一番辛いのに、家族のことを気遣うのです。

大吾がいじめにあっていたのは小学4年生のときでしたが、妻は気づいていました。几帳面な性格でしたから大吾の異変をノートに書き記していましたし、先生にも相談していました。しかし今のように、いじめを隠し撮りされて、SNSで拡散されるなどの心配は皆無でしたから、先生たちはしらばっくれるというか、そこまで真剣に対応してくれませんでした。

ある日、大吾と一緒にお風呂に入ったときでした。彼の身体に痣《あざ》があることに気づいたのです。そこで、「いじめられているのか？」と聞いたのですが、何も言わない。「大吾は、ママが大変な思いをして生んだ大切な子どもで、パパとママにとっては、可愛くて大切な宝なんだから、絶対に嘘はつくな！　本当のことを言え！」と、真剣に伝えました。それでもしばらくは黙っていましたが、ようやく「いじめられてる」と、重い口を開いたのです。そのとき、息子をいじめた同級生の名前も教えてもらったため、次の日の朝、ホームルームが始まる前の時間に、大吾の教室に乗り込んでいきました。

私は心底怒っていましたから、バターーン！　と勢い良くドアを開け、教室に入っていったのを覚えています。大吾に言わせると、ものすごい剣幕で、いじめていた子どもに詰め寄っていったみたいです。いまから思うと大人げありませんでしたが、そのときは大吾のことを守りたい一心でしたし、相手が子どもとはいえ、こちらの本気度を伝えたかったのもあります。

実はいじめていた子どもの親は、私の後輩で、前々から大吾のことをいじめていたため、親にも話したことがありましたが収まらない。いじめって、言葉でいくら言ってもなくならないんですよ。

「この先もいじめるようなことがあったら、ただじゃおかないからな！」と捨てゼリフを残して、私は教室を出たのですが、生徒たちがざわついている様子は背中越しに伝わってきました。

そんな状況なので、ホームルームで教室に来た担任の先生も、何かあったことに気が付くわけです。きっと、「松丸君のお父さんが、怒鳴りに来た」みたいなことを生徒の誰かが言ったのだと思います。すぐに先生から電話がかかってきました。

「学校で何があったんでしょうか？」と聞かれたので、「家内が息子のいじめについて、先生にいろいろと相談していたと思いますが、昨夜一緒にお風呂に入ったときに、息子の身体に痣があることに気づいたんです。普通に生活していたら、身体にあんな痣なんてできません。そこで息子を問い詰めて、いまだにいじめられていることを知ったので、直接本人たちに注意をしに行っただけです。今回の件で先生が私に文句があるのなら、家内がいじめの事実についてすべて克明に記録してあるので、それを持って市の教育委員会に行って、先生のことを訴えますよ！」と抗議しました。

「私も必死なんです。先生もいじめの件に真剣に向き合わないなら、本当に訴えます！」と伝えてから、先生の対応が変わりました。先生の中には、面倒なことから目を背けるというか、逃げる人もいるわけです。あの時、先生への相談だけで、しばらく様子を見ていたら、もっといじめはひどくなっていたと思います。

ただ、いじめは本質的にはなくならないというか、一旦は止むこともありますが、怒られたことなんか忘れ去られてくり返すことを知っていましたから、大吾は地元の中学ではなく私立に行かせることにしました。

大吾は小さい頃から、良い悪いは別にして自己主張が強かったことは確かです。妻譲りで、「YES」「NO」がはっきり言える子どもでした。

小学生のときに、自分が納得できないことを言われて先生に歯向かい、ひっぱたかれて眼鏡が壊れたこともありました。大吾が子どもの頃は、体罰が今ほどは問題視されていな

かったからだと思います。まあ、ここからが大吾らしいのですが、先生に叩かれたときに眼鏡が壊れたからと、眼鏡代の請求書を書いて先生に送ったみたいです。小学生の男の子がですよ……。ただ、今度は眼鏡代の請求書の件で先生から怒られたようですが、私はこの手の反骨精神は大切だと思っています。

いじめについて語られるとき、「いじめられる側にも原因がある」といった意見もありますよね。ただ私は、この意見は間違っていると思うのです。いじめの問題に関しては、いじめられている側には何の原因も責任もないんですよ。ましてや、「自己主張が強いからいじめられる」とか「個性が尖っているからいじめられる」などの意見は愚の骨頂だと思うわけです。これは単に、いじめられっ子側の問題を指摘して、いじめを正当化しているだけにすぎないのです。いじめの問題というのは、いじめている側が全面的に悪いというところからスタートしなければ、永遠に解決しないと思っています。

## 中学で大吾覚醒

中学受験では、大吾は本当にいろいろな私立の学校を受けました。小学生の頃はあまり勉強をしていなかったこともあり、軒並み不合格だったのです。市川学園の入試のときは「パパできたよ。簡単だった!」と言って帰って来たのに不合格でした(笑)。そのため最初に足立学園に合格したときは、夫婦そろって安堵したのを覚えています。

最終的には別の学校にお世話になりましたが、偏差値はやはり50以下の学校でした。今から思うと、もう少し子どもの勉強に携わってもよかったかなと後悔しています。

もちろん勉強に関しては、妻が完璧に面倒を見てくれていました。

しかし自分の父親は、私が小学生のときにはPTAの副会長を務めるなど、学校や私の勉強に対し積極的に参加していました。私は、1学年13クラスもあるマンモス高校に通っていたのですが、2年生のときに選抜クラスができました。学年全体で50番以内でなければ入ることのできない狭き門でしたが、私はそのクラスに入ることができたのです。

振り返ると、これも父親の期待に応えたいという気持ちがあったからだと思います。

男性は仕事が忙しいと、子育ては妻に任せきりになる傾向があります。最近では〝ワンオペ育児〟などという言葉も聞きますよね。実は、昔は松丸家には、『パパである私が帰ってくるまでは夕ご飯を食べずに待っている。パパが帰ってきてから家族全員で食事をする』というルールがありました。その教育をしてくれていた妻には感謝しかありません。「パパが働いてくれているお陰で、こうしてご飯が食べられるんだから、パパが帰ってくるまで待ちましょう」と、子どもたちに言い聞かせてくれていたわけです。ただ、残業などで遅くなると、私の方から「先に食べていていいから」という日が増えるようになり、いつの間にかこのルールは消滅してしまいました。

食卓の上に、私の食事だけがポツンと置かれている状態です。そして世の常ですが、こういうことが続いたため、しまいには作られなくなりました。

話は逸れましたが、大吾へのいじめはその後も続いていたみたいです。ただ、中学2年生のときに大吾が自ら反撃したことがきっかけで、いじめがなくなったようです。「自分がバカにされることには慣れていたけど、そのときはママがバカにされ、カチンときてやり返した」とのこと。

大吾はこのときのことを、対談で次のように分析していました。
「親から、〝ああやれ！〟〝こうやれ！〟と、言われてこなかったから、自分で気づけたんだと思う。親から教えられた答えで行動する人間に育っていたら、うまくいかないときには八方塞がりになり、何もできない人間になっていた」。

いつでも親がそばにいられるわけではありません。子どもは成長すればするほど、自分で考えて行動するしか道がなくなるのです。

大吾がたどり着いた答えが〝反撃〟だったわけですが、これは恐ろしく勇気のいることだと思います。いじめられている相手に歯向かうわけですから。ただこの行動により、相手は大吾のことを骨のある人間だと思い、いじめるのをやめたわけで、その話を聞いたときは、我が子ながら大吾のことを誇らしく感じ、嬉しかったのを覚えています。

いじめは本当に難しい問題で、父親である私が自ら教室に怒鳴り込みにいっても、完全には無くなりませんでした。いじめをしている側は、いじめているという自覚がないままやっている部分もあり、相手が何も言ってこなければ「それでいい」と思ってしまうのです。ただ、いじめられている側からしてみれば、自殺する人がいるほど、辛い毎日を送っているわけです。大吾の場合は、たまたまですが反撃したことで意思表示ができ、自らの力で180度世界を変えることができたということなのです。

実はこの頃から、「勉強もやればできる」ということに気づいたらしく、一気に成績がアップしていきました。これには「自分を変えたい！」という大吾自身の強い思いもあったと思いますが、「勉強をしたらゲームを好きなだけやっていい」など、勉強へのモチベーションをアップさせるためのインセンティブとして、ご褒美を上手に設定していたという妻の隠れた功績もあったと思います。一旦行動を起こせば、友だちが増えるなど見える景色も変わるわけで、このときの体験が、今の大吾の形成に役立っていると思います。

このように大吾は、自分の母親をバカにされたことがきっかけとなり反撃したわけですが、裏を返せば、それだけ妻は子どもたちに愛情を注いでいたことになります。

最近は共働きの夫婦が増えていますからなかなか難しいと思いますが、松丸家では息子たちが学校から「ただいま」と帰ってきたら、「お帰り」とママが迎えてくれていました。しかも、ピザやクッキーを焼いて待ってくれている。そういう家庭的な環境で育てたことも、子どもたちの教育には良かったと思います。

妻は上京してから一人暮らしをしていたため、もともと料理はできましたが、結婚する際には料理教室にも通ってくれ、習ってきた料理を手間暇かけて作ってくれていました。

例えば、おやつのピザは買ってきた生地を単に延ばして焼くわけではなく、小麦粉から練って作っていました。子どもたちからすると、一人で3、4枚は食べたいのですが、生地をボウルで寝かせる工程もあり、手作りだと一度に大量には作れないわけです。子どもたちは美味しいだけに、「もっと量を食べたい」と思っていたみたいです。

餃子も皮から作っていましたから、松丸家の息子たちは、餃子を包むのだけは全員上手だと思います(笑)。

ちなみに私は、「男性も料理ができないと、奥さんの具合が悪くなったときに大変だから」と、母から料理を教えられたのと、満州からの引揚者だった父の作るチャーハンとスープが美味しかった影響から、週末だけですが、天津丼やお好み焼き、たこ焼きなんかを家族に作ってあげていました。自分で言うのも何ですが、中華屋でアルバイトをしていた経験もあり、私の料理はそこそこ美味しかったと思います（笑）。

大吾のお弁当は、ジャーみたいなお弁当箱に入れて、妻が毎日作っていました。妻が作るお弁当には敵いませんが、妻が闘病生活を始めてからは、怜吾と亮吾のお弁当は、なんとか私が作っていました。あのときは、朝食と夕食も作っていましたから、正直とても大変でした。特に朝食は、卵焼きにウィンナーだったり、目玉焼きにベーコンだったりと、時間がない中でもバリエーションをもたせる工夫をしていました。

大吾を見ていてすごいと思ったのは、大学浪人していたときに、予備校に通わなかったことです。その理由が、「往復2時間かけて予備校に通うくらいなら、その分勉強したい」ということでした。夏期講習と添削指導のテストは利用していましたが、あとは自分で勉強していました。本人曰く「みんなが予備校に行っているから、自分が行くようになったら終わりだ」と思っていたそうです。

大吾の中には、三角の爪で芽生えた独自性が、延々と続いているわけです。誰もやっていないことで、自分が得意とすることを常に探し求めている。大学時代に、イギリスのメンタリストであるダレン・ブラウン氏の動画をYouTubeで見たことがきっかけで、メンタリストを目指したことは、まさに良い例だと思います。人間、いい意味で常にアンテナを張っていないと、運命的な出会いもなければ、成功を手にすることもないということです。

いい機会ですので、私が知っている大吾のことをもう少しお話しします。

小さいときの夢は、最初が宇宙飛行士、その後、薬剤師、物理学者へと変わっていきました。大学生のときは、人間の脳を作るのが夢だからと、オックスフォードに留学して、脳の研究をしたいと語っていた時期もありました。その後、脳を作るには人の心に触れる必要があるからと心理学を独学で勉強したことをきっかけに、興味の対象が物理学から心理学へと変わっていったようです。

習い事で一番長く続いたのは水泳でした。レッスン後の自由時間のときに、フィンを足に付けて、ものすごいスピードで泳いで楽しんでいましたね。あとは、ピアノや絵、そして、私が空手をやっていた影響から空手も習わせていました。空手は水泳の次に続いていましたが、そこでもいじめがあり、やめてしまいました。

静岡の妻の実家に帰省したときには、ヤマメとか蜂の子とかを食べていました。自然が好きで、夏はキャンプでバーベキューをしたり、冬は餅をついたりしていました。

高校生のときは、覚醒した後だったこともあり、学校の友だちとも仲良く遊んでいました。笑っちゃうのが、友だちが家に遊びに来ると、「パパ、エロいやつある?」と言って、私のところにビデオを借りにくるのです。もう高校生だから、普通に情緒的に育っているなと思い貸し出しましたが、私がエロビデオを持っていると確信していたことが、今思えば心外ではあります(笑)。

おそらく、私が自分の本棚に隠していたエロ本を、隠し方がずさんだったために家族全員に知られていたからでしょう。私専用のスライド式の本棚の前面部には、好きな歴史小説などの真面目な書籍を並べていましたが、その後ろ側にエロ本を隠していたのです。

実は私の父親も、自分のタンスの奥にその手の本を隠してあったのを家族に見つかったことがあり、もはや松丸家のＤＮＡなのかもしれません。

最後に、この本のために大吾と対談したとき、大吾が私に言ってくれた言葉で、大吾の章は終わりたいと思います。

「昔は苦手な時期もあったけれども、僕はことあるごとに父親のことは、いまではとても尊敬していると公言しています。いまの僕は、父親が僕たち子どもを作ろうと思った年齢よりも上で、しかも僕の方が時間もお金もあるわけです。でも、四人も子どもを作ろうとは思えない。やはりそれはすごいことで、心からの尊敬に値します」。

大吾は妻が亡くなってから、怜吾や亮吾たち弟が、大学を卒業できるように気にかけてくれるなど、長男として家族のことを真剣に考えてくれています。妻が生きていたら当たり前のことが、当たり前でなくなり、支え合うことの大切さを身にしみて感じているのでしょう。

私は自分の兄弟に対し甘い部分がありましたが、大吾は自分の弟たちに自身の力で努力することを示唆して見守るという立場を貫いています。親の私から見ても本当に頼もしい長男です。

# 父　悟

# 次男　彗吾

# 彗吾誕生

彗吾は大吾が生まれた4年後に授かった子どもです。

静岡病院で大吾が生まれ、筋腫を切除したときに医師から二人目については止められていたのですが、妻がどうしても女の子が欲しくて、子作りすることを決めました。

彗吾と大吾で4歳も離れているのは、二人の間に生まれてくることができなかった命があるからです。この話をすると酷になりますが、もしその赤ちゃんが女の子で、無事に生まれていたら、四人も子どもを作っていなかったと思います。そう考えると、運命ではありませんが、とても不思議な気持ちになります。


筋腫を切除した医師の処置が良かったのか、小さかった大吾に対し、彗吾の出産時の体重は4000グラム前後もありました。そのためか母子手帳の乳児身体発育曲線では常に一番大きい部類で、幼稚園に入園するまではまるまると太っていました。リビングにある電話器の横には、ちゃんちゃんこを着た赤ちゃんのときの妻の写真と、体格の良い生まれたばかりの彗吾の写真が、今でも並んで置かれています。

発育も良く、おまけに逆子だったこともあり、出産はかなりの難産でした。大吾と同様、自然分娩による出産を予定していたのですが、最終的には帝王切開での出産になりました。自然分娩で出産しようとしたとき、いきみすぎて赤ちゃんに強い力が加わったからか、顔に内出血による痣《あざ》ができてしまったほどです。

医師からは「一生消えないかもしれません」と言われましたが、幸いその痣は残ることなく、夫婦そろって安堵したのを覚えています。

大吾のエピソードになってしまいますが、静岡病院から彗吾と妻が退院するとき、松丸家では『ゴミ箱事件』と呼ばれている出来事が起きました(笑)。家族四人で病院から帰ろうとしたそのとき、4歳の大吾が突然出入り口のドアの手前にあったゴミ箱に向かって走り出し、「赤ちゃんを捨てて帰る！」と叫んだのです。すでに物心がついてきていた大吾は、ママを取られてしまう危機感を抱いたのか、生まれたばかりの弟にヤキモチを焼いていたようです。いまではこのときのことを「サイコパス」と自虐的に大吾は話しています。

実は彗吾が生まれる少し前、松丸家では『妻順子の反乱』と申しますか、大きな出来事があり、これがきっかけで彗吾が生まれてすぐに実家から離れてマンションに引っ越すことになりました。

その出来事とは、妻が大吾を連れて静岡の実家に帰るという騒動です。あのときの妻は本気で、私に電話をかけてきたのがすでに駅の喫茶店からで、荷物もまとめていました。そのまま実家に帰るという決意を私に示したかったのだと思います。大吾を抱っこしたまま、「親を取るか、私や子どもを取るか、どちらか決めてください!」と、ものすごい勢いで決断を迫ってきたのです。

プロローグでも書きましたが、私たちの結婚は同居が前提でしたから、結婚後は私の両親と暮らしていました。ただ世の常ではありませんが、嫁姑問題はいろいろと難しく、また大吾絡みでいろいろな事件が起きていたことが、別居を決定付けたのだと思います。

その頃は、私たち夫婦が2階、私の両親が1階で生活していました。普段は1階のリビングで一緒に過ごしていたのですが、私の両親がタバコを吸うため、二人がタバコを吸いだすと、妻は大吾を連れて2階に避難するようにしていました。それほどタバコの害には気を遣っていたわけです。そんなときに起きたのが、『タバコ事件』です。テーブルに置いてあったタバコを大吾が知らない間に食べてしまったのです。一歩間違えれば死んでいたかもしれません。この他にも、孫の大吾が喜ぶからと、両親が殺虫剤をやたらめったらシューっと撒き散らす『殺虫剤事件』もありました。そんな環境だったこともあり、妻は同居に限界を感じていたのだと思います。

私は妻と大吾のことを愛していましたので、実家を離れてマンションに引っ越すことにしました。その後しばらくして、いま住んでいるマンションが完成し、再び引っ越すことに。今年で築30年目になりますが、亮吾が『スマートホーム化』してくれたおかげで、かなりガタは来ていますが、いまでも快適に暮らしています。

話を彗吾に戻すと、会社から帰って玄関を開けると、真っ先に迎えてくれていたのが彗吾でした。小さい頃の彗吾はやんちゃで、そのまま布団が敷いてある畳の部屋に連れていかれ、プロレスごっこに付き合わされるわけです。仕事で疲れて帰ってからのプロレスごっこには正直ヘロヘロでした(笑)。

習い事は、四兄弟とも同じスイミングスクールに通っていましたが、彗吾が一番長く続いていました。進級も一番早く、兄の大吾を追い越してしまうほどでした。

幼稚園も全員が同じでした。これだけ一つの幼稚園に長くお世話になると、バザーなどの行事の際には必ずといっていいほど妻に声がかかり、頼られるわけです。妻はパッチワークやトールペインティングなどが得意でしたから、他のお母さんたちに教えることもあったようです。

## 中学から高校時代

小学生のときの彗吾は、友だちがたくさんいる人気者で、輪の真ん中にいるタイプでした。それが中学に入った途端、小学生のときの明るさがなくなり、一時的にですが元気がなくなってしまったのです。慣れ親しんだ地元の友だちがいる公立中学ではなく、私立の中高一貫校に行かせたため、ゼロから友だち関係を構築する環境に馴染めなかったのだと思います。

小学生のときにいじめを受けていた大吾は、環境を変えるために私立の中高一貫校に行かせました。その流れで彗吾も大吾と同じ中高一貫校に通わせることにしたのです。しかし彗吾は、小学生のときの仲間と離れ離れになり、すっかり環境が変わってしまったことが裏目に出たようです。いまから思うと、彗吾は地元の公立中学に通わせても良かったのかもしれません。ただ彗吾は、入学当初は大吾より成績が良く、数学の点数のみで入試に合格できるほど学力は優秀でした。彗吾は今回の対談で、当時のことを次のような言葉で振り返っています。

「自分がこんなにも新しい環境に順応できない人間だということを、このとき初めて知りました。小学生のときは自我が確立する前に出会うため、あえて友だちを作るという意識を持たなくても自然とコミュニティが形成されたわけです。しかもほぼ同じ友だちとそのまま6年間を一緒に過ごすのですから、新規の友だち作りは不要というか、する必要がないんですよね。そのため私立の中学に入学し、一人も知り合いのいない、まったく新しい環境に入った途端、どうしていいのかわからず、戸惑っている自分がいたのです」。

親の私から見ても、彗吾は性格が優しい分、四兄弟の中では一番メンタルが弱くてめげやすいタイプです。しかも挫折すると乗り越える努力をするというよりは、逃げてしまう傾向にある。本人としても、環境が新しくなり周りに友だちがいないと、こんなにも自分がダメになってしまう〝弱い人間〟であることを思い知り、かなりショックを受けたと思います。

「斜に構えてしまい、知らない人たちの中に無条件に入っていく勇気のない、極度の内弁慶なのかもしれません。誰か知っている人がいる環境下だとふざけたりできるのですが、誰も知り合いのいない状態だと、いつもと同じように振舞えなくなるのです。『冷ややかな反応が周りから返ってきたらどうしよう』とか勝手に考えてしまう自分がいて、中学に入学した当初は、何もできないまま過ごしていました」。

と、彗吾自身が語るように、小学校のときとは違う雰囲気に飲み込まれ、すっかり引っ込み思案になっていました。この対談で知ったのですが、前の席の同級生が「バスケ部に入らない？」と奇跡的に話しかけてくれ、友だち欲しさにバスケット部に入部したことがきっかけとなり、以前の明るさを取り戻していったようです。

入部の理由は短絡的ではありますが、どんな理由にせよ、部活動の仲間は一緒に汗を流して練習するため、関係性も自然と密になり、友だち作りのきっかけとしては成功だったみたいですね。実際、いま一緒にアプリを作っているメンバーも中高一貫校のときに出会った友だちで、かれこれ15年くらいの付き合いになるそうです。

ただ、もともとバスケットが好きで入部したわけではないため、それ自体はさほど得意ではなかったようです。それでも中学最後の試合となる引退試合に向けて、彗吾なりに練習に励んでいました。それが、バスケットとはまったく関係のない体育の柔道の授業で、同級生に背負い投げされた拍子に足の親指の爪が畳の間に引っかかり、そのまま爪がぱっくりと剥がれるという怪我をしてしまったのです。そのため、自身の引退試合をベンチで応援するという、最悪の結果になったそうです。

このようにバスケット部では苦い思い出もあるみたいですが、友だち作りという面では成功したわけです。このまま勉強も頑張ってくれればよかったのですが、彗吾は中学２年生の後半あたりからすっかり勉強嫌いになっていました。この頃、覚醒して学力がぐんぐん伸びていった兄の大吾と比較される機会が増えたことが原因だったみたいです。しかもその頃、怜吾と亮吾が中学受験の勉強をしている最中で、この二人の成績がとてもよかったことも関係していたようです。

怜吾と亮吾は、全国的に有名な中学受験用の塾に通っていましたが、二人とも選抜クラスに入るほど勉強はできていました。公開模試後に成績優秀者だけが掲載される冊子にも、常に名前が載っていたほどです。

彗吾には、「他の兄弟は勉強ができるのに、お前だけできないのは単にサボっているからだ！」と、怒ったこともあります。負けず嫌いの亮吾の性格が、少しでも彗吾にあればと、思ったこともありました。

ただ彗吾からしてみたら、他の兄弟と比較され、小言を言われることが嫌で嫌で仕方なかったようで、ますます勉強嫌いになってしまいました。私からすれば、単に逃げているだけに思えました。もちろん比較される辛さもわかりますが、彗吾にはポテンシャルがある。正直、もったいないという気持ちが先行していました。

「ダイ兄ちゃんも、僕が中学に入ったときは僕の方が成績が良くて比べられたと言っていたけど、ダイ兄ちゃんが偉いのは、そこからちゃんと努力して頑張ったんだよね。逆に頑張らなかったのが僕で、頑張らなかった結果、ゲームに逃げてどっぷりはまってしまい、本当に勉強をやらなくなってしまったんです」。

と、彗吾が振り返るように、まったく勉強をしなくなり、希望の大学にも入れず、結局は浪人することになりました。

この大事な時期に前にもまして勉強嫌いになったのは、弟の怜吾に対するコンプレックスがあったようです。彗吾が高校3年生のとき、怜吾は高校1年生。このときすでに怜吾は兄の彗吾よりも勉強ができ、彗吾がわからない問題も解いていたそうです。結果、ますます勉強嫌いになり、妻は心配していろいろと口うるさく言っていましたが、私はここまできたら黙って見守ることにしました。

妻の性格もあったと思いますが、心配しているがゆえに、ついつい口うるさくなってしまうのです。ですから、私のほうは意識して、あえて静かに接していました。夫婦としての役割分担もありますが、高校生になったら自分の問題は自分で解決するしかないと考えていたからです。

どのみち反抗期で、親がどうこう言っても聞く耳も持たないでしょうし、彗吾が歩んでいる人生は、私の人生ではなく彗吾自身の人生です。浪人したことについては、本人が一番挫折を味わっているだろうし、原因についてもちゃんと理解していることでしょう。放任主義ではありませんが、最終的には本人が自分で気づいて、彗吾自身が決めるしかないと思っていました。

実は私も父親から、「中学までは義務教育だから親の責任。言いたいことは言わせてもらう。ただし義務教育を過ぎたら、子どもの自主性に任せる。親からは一切の口出しはしないから、自分で考えて行動するように」と、言われて育ってきました。だから、私も息子たちに同じ考えで接するようにしていたのです。

## 彗吾暗黒期

松丸家では、彗吾が高校を卒業してからの数年間を『暗黒期』と呼んでいます。実際、高校卒業後は一人も友人ができなかったようです。この暗黒期のはじまりとなる最初のつまずきが、浪人生のときに通った予備校にありました。

彗吾は予備校でも、新しい環境に飛び込むことができなくて、友だち作りに失敗してしまったのです。最初のうちは予備校に通っていましたが、彗吾以外の人たちは、良好な友だち関係を築いているわけです。その輪に入れなかった孤独感から、いつのまにか予備校に行かなくなっていたようです。それでも親に高い授業料を払ってもらっている、という自覚はあったようで、予備校に行くフリだけはしていました。なんでもファーストフード店などで参考書を広げて、ひとりで勉強していたようです。

しかし、予備校に通わなければ親に電話がかかってきてしまいます。結局、嘘はバレて、妻は言葉に出して言うタイプでしたから、彗吾には「ちゃんと行きなさい！」と、ことあるごとに伝えていたようです。後から知りましたが、それでも誤魔化して予備校には行ってなかったようです。

こんな浪人生では、希望する大学になんて合格できるはずがありませんよね。しかも、肝心なところでミスをしてしまう。これは私のDNAかもしれませんが、試験会場のキャンパスを間違えるという、受験生がやってはいけない痛恨のミスをしてしまうのです。

キャンパスが幾つもある大学で、学部によって試験会場が違っていたのですが、彗吾は、受験する薬学部の試験会場ではないキャンパスに行ってしまったのです。デリケートな性格ですから、間違いに気づいたときは頭の中が真っ白になったそうです。

それでも学生課の窓口に駆け込み、タクシーを呼んで薬学部の試験会場にたどり着き、どうにか合格することができて入学するのですが、本人としては決して満足できる結果ではなかったようです。

しかも薬学部は共同研究です。彗吾の苦手な新しい環境での友だち作りというハードルが立ちふさがっていたわけですが、ここでも乗り越えるどころか、またまた逃げてしまったのです。彗吾は、当時のことを対談でこう話していました。

「一浪しているから、周りの同級生は自分よりもひとつ年下の後輩が多かったんです。ただでさえ新しいコミュニティに入るのが苦手だと自覚しているのに、周りはほぼ全員が年下。そんなこともあり、勝手に周囲に壁を感じてしまい、まったく話しかけられずにいました。しかも、受験勉強から解き放たれた解放感から、髪の毛をめちゃくちゃ染めて茶髪にし、服装も当時の兄の影響で民族っぽい尖った洋服を好んで着ていたのです。おまけに昔から目つきが悪い。最悪というか、友だちが欲しいくせに、自ら近寄りがたいオーラを出していました」。

予備校のときとまったく同じで、彗吾には友だちがいないのに、周りはすでに友だちの輪ができている。一人孤立している状況が嫌で、授業に行かなくなる。しかも友だちがいないから、講義の時間変更や課題などの情報共有ができない。こうして彗吾は、どんどん負のスパイラルにはまっていきました。

そしてとうとう大学にも行かなくなり、私たちの手前、予備校のときと同様に行っているフリをし始めるのです。『行ってきます』と言って、ゲーセンとかで適当に時間をつぶして適当な時間に帰っていたようです。

後から聞いたのですが、時間をつぶす手段のない日などは、早めに帰宅することもあったようです。すると、『あれ、今日は早いのね』と妻に聞かれ、その度に『今日は講義が休みになったから』など、苦し紛れの言い訳をしていたそうです。

しかし、嘘はいつかはバレるものです。教授から電話があり、大学に行っていないことを私たちが知ったときには、すでに進級ができない状態になっていました。


このときは、さすがに私も怒りました。大学については、人によっていろいろな考えがあると思いますが、私は、大学だけは卒業しておいたほうがいいという考えです。いまだに彗吾は、「今の時代、肩書きがいったい何の役に立つの？」と言いますが、当時、彗吾が大学をやめたいと言った理由が、「歌手になりたいから」だったというのもあります。

私はそれは逃げるための口実だったと思っていますが、「お前が本当に真剣だったら、それはお前の人生だから許すけれども、将来、お前に子どもができて、子どもがいまのお前と同じ年齢になったときに、『うちのパパは大学に行っていないんだ』と言われてもいい覚悟があるのなら、今の大学はやめてもいい。その代わり、通信大学でもいいから、どこかは出ておけよ」と、諭したのを覚えています。

彗吾はこの本の対談でも、「自分は大学中退で、最終学歴が高卒ということを公言しても恥ずかしいとは思わないし、大卒の人と比較されることも気にはしていない」と語っています。大卒だから偉いということはありませんが、長年生きてきた親からすると、〝大卒〟には学歴における一種のブランド的な価値が世間にあることも知っているわけです。

今となっては彗吾が言うように、「大卒でも高卒でも、そんなのどうでもよくない?」という意見も一理あるのかもしれません。しかし、別の道を歩いていたら、「中退しなければよかった」と悔いている可能性もあるのです。

ただあのときの彗吾は、大学に行っても友だちがいないため、とにかく惨めで、笑われている幻聴すら聞こえていたと言います。ドラマのタイトルにも〝逃げるは恥だが役に立つ〟とあるように、そこまで追い詰められていた状況においては、大学よりも手を差し伸べてくれる誰かが必要だったのかもしれません。

そこからしばらくが彗吾の人生の暗黒期になります。それでもお金が欲しくて、アルバイトはしていたようですが、その時間以外は部屋にひきこもってゲームばかりしていました。しかも大学をやめる少し前くらいから、私たち親だけでなく兄弟とも壁を作り、まったく会話をしなくなっていました。バイトに行くときだけ自分の部屋から出て、帰ってきたらまた部屋にひきこもってゲームばかりをしていたのです。

ご飯も私たちと食べる時間をわざとズラして、みんなが食べ終わって一時間後くらいにひっそり部屋から出てきて食べ、食べ終わるとさっさと部屋に戻ってこもるみたいな生活です。あのときは、彗吾自身も「完全に人生が終わった」と思っていたようです。また、「この先どうしようと思いながらも、何もしないまま時間だけが過ぎていた」と、後から私たちに話してくれたこともありました。

妻はこのあと闘病生活に入るのですが、自分の体よりも、こんな彗吾のことをずっと心配していました。それではここで、妻の病気について少しだけ話をしたいと思います。

妻は乳がんで、成人病の検診で発覚しました。二次検診の結果を一人で訊きに行き、がんと告知され、真っ青になって帰ってきた日のことは、鮮明に覚えています。

その後、化学療法で薬を使ってがんを抑えていました。妻も乳がんの本を購入して読んだり、インターネットのコミュニティでやり取りしたりして、勉強していたみたいです。

薬が効いていたからか、がん治療を受けながらも、亡くなる半年くらい前までは私と一緒にテニスをしていました。その頃は、がんセンターからの帰りにワシントンホテルのレストランで一緒に食事をするのがルーティーンになっていたほどです。そのような状況が、5年くらい続いていました。


異変に気づいたのは、一緒にランチをしていたときです。食べるのがものすごく遅いため訊ねたら、「喉に食べ物が引っかかる感じがする」と、違和感を訴えたのです。

そこで病院で診察してもらうと、弁が動かなくなっていました。そのため、その日から食事ができなくなり、チューブから栄養を摂取することになりました。息子たちには話していませんでしたが、10月に入院したときにはすでに余命1カ月~半年の命と宣告されていました。

肺に転移し、肺全体にがんがパウダー状に広がっていたのです。それでもお正月は家で過ごしたいという妻の希望から、毎日通院することを条件に11月には退院することになりました。借りてきた車椅子に私がおんぶをして乗せ、毎日通院しましたが、やはり自宅がいいのか、妻は退院してからのほうが元気になった気がします。子どもたちに心配をかけたくないという気持ちがあったからかもしれませんが、お正月や誕生日のお祝い事のときは特に元気そうに振る舞っていました。彗吾も次のように語っていますが、子どもたちにとって、母親が変わっていく姿と向き合うのは心憂く思うわけです。

「僕と亮吾は、母が自宅で闘病生活をしているとき、弱っていく姿を見るのが辛くて、ほとんど母の部屋には顔を出しませんでした。自分が一番家にいたはずなのに、大学を中退した後ろめたさもあって、僕はそこでも目を背けてしまったのです。もちろん介護の様子を見て、母が大変な状態なのはわかっていましたが、意識的に考えないようにしていました」。

それでも妻は、家族全員の顔を見たいからと、車椅子で食卓に連れていくと、吸えないため舌の感覚だけでですが、ジュースにした苺をしゃぶって、一緒に食事を楽しんでいました。お風呂も最初のうちは自分で洗えていましたが、徐々に私が抱えてあげないと入れなくなっていました。そんなときです。彗吾が妻にプレゼントをしたのは。このときのことを対談で彗吾に訊ねたら、次のように話してくれました。

「母にプレゼントをしたことがまったくなかったので、母の日に軽い気持ちで、初めてプレゼントをしたのです。寝たきりの母でも楽しめるものはなんだろうと考えたときに、ラベンダーが好きだったことを思い出し、香りを楽しむことができるアロマポットを選んだのですが、すごく喜んでくれました。この頃はほとんど喋れない状態なのに、部屋に呼ばれ、『いい香りね』と感謝の言葉を告げられました。こんなことで、こんなにも喜んでくれる母の姿に、衝撃を受けたのを覚えています」。

このときの言葉が胸に響いたようで、バイトをしながら適当に時間をつぶして過ごしていた彗吾が、ＳＥ（システムエンジニア）になる決意をしたのです。一人の社会人として生きていく覚悟ができたのは、母親の死があったからだと思います。

また彗吾は、小さい頃からオンラインゲームが好きで、よくパソコンに触れていました。中高生くらいのときに大吾から、「そんなにパソコンが好きなら、プログラマーになればいいじゃない」と、冗談まじりに言われていたのもきっかけになったみたいです。

ただ直接的に彗吾が変わったのは、数々の〝出会い〟があったからだと思います。後に彗吾の奥さんになる彼女の存在や、プログラマーを目指そうと思ったときにプログラミングに詳しい友人が、たまたま近くにいたことは幸運でした。彗吾自身も次のように語っているように、人との出会いが、その後の人生まで変えてしまうということです。

「地元の駅の近くにあったゲームセンターでバイトを始めて、そこで共通の趣味であるダーツがきっかけで奥さんと知り合いました。そのうち、この女性と一生一緒にいたいのなら、まずは就職しないと話にならないと思うようになったのです。そのためには、手に職をつけなければと考え、そのときになぜかSEが真っ先に思い浮かんだのです。友だち作りで挫折してきた僕が、結果的には人に恵まれて人生が変わったわけです。人一倍、他人との交流に飢えていたのかもしれません。たまたま今の奥さんと出会い、たまたまプログラミングに詳しい友だちと出会い、たまたまダイ兄ちゃんに拾ってもらって、一緒に仕事をするようになるのですから（笑）」。

私は最終的には「人生において、1、2年棒に振ることはたいしたことではない。彗吾の人生なんだから、彗吾の好きにすればいい」と、彼の大学中退を認めましたが、いまから思うと、このことも無駄ではなかったと思っています。人生において、無駄な回り道はひとつもないのです。奥さんと出会い、彼女のために頑張ろうと考え、大切なことに自ら気づくことができたのですから。

事実、芸能事務所に歌手として応募し、書類審査が通り、オーディションの通知が届いていたのに、奥さんとの人生を一番に考え、就職する道を選んだわけです。彗吾は、そのことについてこう語っています。

「奥さんとの出会いで僕は救われたと思います。交際して5年目に結婚したのですが、結婚式の前に父と母に対して、生まれて初めて手紙を書きました。いまはなんとか軌道修正したものの、四兄弟の中で一番心配をかけたのも、一番苦労をかけたのも、一番お金を使わせたのも全部僕なんです。結婚式のときには母は亡くなっていましたが、懺悔のような気持ちで書いた手紙でした」。

この手紙は、未来に絶望していた彗吾が、結婚を機に新しい人生を歩んでいくという節目の意味を込めて、これまで迷惑をかけてきた兄弟や私たち両親に対し、感謝の言葉を綴っ

た内容になっています。結婚式での彗吾の晴れ姿は、天国の妻が一番喜んでくれていると思うので、いつでも妻が手紙を読めるように、仏壇の中に大切に仕舞ってあります。

この手紙を読んで思ったのは、親の気持ちや考えは、子どもにはちゃんと伝わっているということです。頭の中では理解しているけれど、行動が伴っていないだけなんですよね。

当たり前ですが、人生はさかのぼってやり直すことはできません。ただ、彗吾のようにいまが良ければ、それでいいのかもしれません。それまでの失敗は失敗ではなく、成功までの単なる過程ということになるのですから。

## 松丸彗吾家の育て方

妻が亡くなって10年目を迎える年に、彗吾の娘が生まれました。私の初孫になります。妻が生きていたら、本当に喜んだと思います。妻は手先が器用な人でしたから、待望の女の子の初孫のために、張り切って手作りの洋服をプレゼントしていたことでしょう。

今回の対談で、「妻の生まれ変わりかも」と彗吾に言ったら、「子どもからダメ出しされたら嫌だからそれだけは困る」と言われてしまいました(笑)。いずれにしても、私は娘と一緒にバージンロードを歩くのが夢でしたから、すでに彗吾のことが羨ましくて仕方がありません。

結婚し、娘が生まれ、いまの彗吾は最高に幸せでしょうし、自分が子どもを持つようになると親の考え方を理解できるようになりますから、彗吾自身もこれからどんどん変わっていくと思います。私は妻の順子と四人の子どもたちと共に松丸家を育ててきました。今度は彗吾が、一家の核となり、自分たちなりの松丸家を育てていく番になります。

いずれにしても、家族と真剣に向き合い、愛情を注いであげさえすれば、子どもは真っ直ぐに育ちます。実際、彗吾も父親になり、次のように抱負を語っていました。

「僕も父親を見習って、娘にはあまり口出しせずにいようと思っています。年がら年中怒っていても子どもは言うことを聞かないだろうし、子育てにはメリハリと、子どもの逃げ場所を作ってあげることが大切だということを、身をもって学びましたので。実際、父親から真剣に怒られたのは、大学を中退するときだけでした。本当に必要なときだけ声をかけてくれることに、僕自身が救われたのです」。

彗吾は、奥さんと出会って本当に明るくなりました。女性の力はすごいなと感心しつつも、彗吾は自分の心を変えることができたのです。いまの彗吾があるのは、自分自身が自ら変わろうとした結果なんですよ。きっかけは彼女かもしれませんが、実際に行動したのは彗吾なのですから、もっと自分に自信を持っていいと思います。

若いときの失敗は人生の糧です。大切なのは『今』であって、過去の失敗を含めて反面教師となり、それらの経験がすべて今に役立っているわけです。

実際、彗吾もそういう過程を経て、大人になったなと感じます。ただ彗吾は、自分ではなかなかエンジンをかけられないタイプですから、奥さんがしっかりとアクセルを踏んでくれたら、このまま突き進んでくれると思います。

「僕はどちらかというと歯車の一部になるタイプ。上に立つというよりは、いまは縁の下の力持ちとして、みんなの調整役になりたいと思っています」。

と、彗吾自身が語っているように、優しい性格ですから、人のために頑張れるのが彼の特徴です。実は私の父も、『自分を犠牲にしても人のために尽くす』というタイプでした。そのため内弁慶な部分もあり、母は大変だったと思いますが、周囲からの信頼は厚い人間でした。この点は彗吾に見習ってほしいところであり、これからの生き方として、『敵を作らない人生』を歩んでもらいたいと思っています。

今回の対談で初めて彗吾に言ったことですが、言葉はとても危険で、政治家が失言により辞職させられるケースがあるほどです。これは政治家に限らず、私たちの日常生活においても言葉がひとり歩きして相手に誤解され、反感を買うようなことがあるのです。

例えば、Aさんと私が話しているときに、AさんがBさんの悪口を言ったとします。普通によくある状況ですが、注意してもらいたいのは絶対に相槌を打たないことです。Aさんが言っていたBさんの悪口にうっかり頷いてしまうと、いつの間にか自分がBさんの悪口を言っていたことにされてしまうのです。

こんなとき私は、「でも私は、Bさんのこういうところが大好きですよ」と、返すようにしています。そうすれば、絶対に私から言ったことにはならないはずです。

また、たとえ苦手な相手や嫌いな相手だとしても、攻撃的な姿勢で会話をするのではなく、話を合わせることが重要だと思います。大吾はゴーイング・マイ・ウェイで、自分なりの生き方や流儀を貫くタイプですが、彗吾は他人のために苦労や努力ができる人間です。だからこそ、このことはより心に留めておいてほしいのです。

あとは好きなことをどんどんやって欲しいですね。私も趣味の詩吟で役員や大会の責任者になるなど忙しく過ごしていますし、大吾や亮吾も好きなことを仕事にしています。

いままでは彗吾も好きだったゲームが役に立ち、解説者としても人気です。人間の価値は、瞬間瞬間を切り取って判断できるものでもないし、ましてや学生時代の成績などで判断できるものでもないのです。長い目で見ることが人生においては大切だということです。

最後に彗吾が、私の詩吟について耳の痛いことを言っていました。

「小さい頃は、詩吟をやっているためか、怒るときの父親の怒鳴り声が耳に響いて怖かったのを覚えています。そのため詩吟にはマイナスのイメージしかありませんでした。父親自身も家族から大ブーイングをされるのをわかっているのに、隙あらば詩吟を歌おうとするのです。そんなこともあり、僕ら兄弟は全員が詩吟嫌いだったと思います。ただ、いま思うと、少しは習っておけばよかったかなとも思っています。発声から違いますし、ブレスも長く続く。結婚式場の打ち合わせの帰りに初めて父とカラオケに行きましたが、正直上手だなと感心しました(笑)」。

息子たちは、詩吟をやらなくて損をしていると思います。そういえば彗吾は、大吾と一緒に会社を進めるにあたり、今後の展開についてスタッフの方から聞かれたとき、仕事とはまったく関係のないボイストレーニングを希望したそうです。やはり彗吾は、いまでも歌うことが好きで、趣味で続けたいと思っているんですね。

実は私も以前、彗吾の奥さんに、「彗吾は歌手になりたくて、オーディションに応募することもあった。ただその頃はちょうど人生について考えていた時期で、結果的には結婚という未来を選択し、就職という道を選んだわけだけど、その話を聞いてどう思う？」と、訊ねたことがあります。

「彗吾には歌を続けてほしい」というのが答えでしたが、どんな形でも関わっていれば、花開く未来が待っているかもしれません。

打たれ弱く、友だちができないとめげてしまうタイプだった彗吾が、いまや会社を起業しようとしているそうです。すぐ逃げて、挫折ばかり味わっていても、何かの拍子で人生は一変することもあるわけで、諦めなければ人生何とかなるものです。

いまの彗吾の姿を見たら、妻もあの世でホッと胸をなでおろしていることでしょう。

# 父 悟

# 三男　怜吾

## 怜吾誕生

怜吾は、松丸家の三男として生まれました。

「女の子が欲しい」という妻の強い希望により、四兄弟で唯一、男女の産み分け法により授かった子になります。

私たちが実践した産み分け法は、男の子が生まれるY精子と女の子が生まれるX精子とを遠心分離器で分離し、X精子だけを選別するという方法でした。朝一番で私の精子を試験管に採取し、妻が病院に持っていったのですが、1回で受精する確立は低いとのことでした。ただ私たちは見事1回目で成功し、担当医からは「90パーセントの確率で女の子が生まれます」と言われていました。

それでも男の子が生まれたわけですから、怜吾は運命的に強い何かを持っているのだと私は思っています。ただ産み分け法は、精子を採取するなど、男性にとっては屈辱的な部分もあり、「4人目は自然に任せましょう」と、妻にはお願いしました。

怜吾のときから、里帰り出産ではなく、千葉にある病院で出産しました。出産予定日が妻の誕生日の1月27日に近く、帝王切開による出産が決まっていたため、妻は担当医に頼んで自分と同じ誕生日の1月27日を予約していました。しかし急遽、その日に限って担当医が学会に出席することになり、仕方なく26日の出産になってしまいました。

それ以降、「せっかく同じ誕生日にしようと思ったのに、先生の都合で1日早くされちゃった」と、怜吾の誕生日が来る度に、妻は愚痴っていました。そうは言っても一日違いですから、誕生日のお祝いは妻と怜吾で一緒にやっていました。

松丸家には、怜吾の出産にまつわる有名なエピソードがあります。それは、怜吾が生まれるか生まれないかの瀬戸際のとき、詩吟の予定があると妻に相談したところ、当たり前ですが妻の逆鱗に触れたという私の残念話です（笑）。このようなこともあり、私の趣味である詩吟を妻が嫌っていたため、その影響で息子たちも詩吟に関心を示すことはありませんでした。私としては、さみしい限りではあります。

ちなみに、大吾が86年、彗吾が90年、怜吾が93年、亮吾が95年生まれになります。

惣領の甚六という言葉があるように、初孫だった大吾はおじいちゃんやおばあちゃんからとても可愛がられていましたし、妻も最初の子どもということで、哺乳瓶の殺菌など神経質過ぎるほど手間暇をかけていました。しかし怜吾の頃は、どこの家庭でも同じだと思いますが、三人目ということで、そこまで気を遣うことはなくなっていました。

ただ、小さい頃の怜吾は喘息持ちで体が弱かったため、スイミングに通わせるなど運動をやらせていました。妻がすごいのは、薬剤師の資格を持っているだけあって、喘息で処方された薬は必ず調べてから怜吾に服用させていたことです。妻もそうでしたし、いまでは怜吾もですが、薬剤師の知識があると薬の処方の仕方だけで医師の実力がわかるみたいで、私が風邪をひくと、どこどこの病院が良いからと、教えてくれます。

スイミングは、松丸家では恒例の習い事でしたが、大吾や彗吾、怜吾は空手も習っており、3人で通っていました。

ただ怜吾は球技音痴のようで、野球をしようものなら、バットでボールを打つのではなく、手からバットがすっぽ抜けて1塁方向に飛んでいくレベルだったみたいです。そのため体育の授業が憂鬱だったと話していました。これには私にも責任があり、学校の部活に入ると塾に行けなくなるからと、スポーツよりも学業をより優先させていたからかもしれません。

実は、スキーにも連れて行ったことがなく、怜吾は中学2年生のときに参加したスキー合宿がゲレンデ初体験だったと言っていました。これについては、スキーが苦手だった私が、妻と行くと置いてきぼりにされるのが嫌で、あえて避けていたという背景があります。海水浴も海から上がった後のベタベタ感が気持ち悪く、あまり子どもたちを連れて行った覚えがありません。

普段の怜吾は、大勢でわいわい騒ぐというより、二、三人の仲の良い友だちの輪の中で楽しむタイプでした。親から見るとおとなしい性格に見えましたが、怜吾的には、二、三人の仲間と活発に遊んでいたそうです。

家では、兄弟や私とプロレスごっこをしたり、タオルケットでテントを作ったり、ミカン狩りをして遊んだ記憶があります。自宅の庭にミカンの木があり、ようやく食べごろに熟したかと思うと、すかさず鳥が狙いを定めて食べに来るため、ミカン狩りは「遊びというよりは親に手伝わされただけ」と、本人はぼやいていました。

# 反抗期

四兄弟の三番目ということで、怜吾は兄弟間の調整役を担っていたようです。他の兄弟が喧嘩をしていると、それぞれの顔色を伺い、それぞれに対し仲を取り持っていたそうです。男兄弟だと喧嘩も派手で、例えば大吾と彗吾が喧嘩をしたときには、彗吾が壁を殴り、穴を開けたこともあったほどです。さすがにあのときは、彗吾自身もそこまでするつもりはなかったようで、驚いてはいました。

反抗期で言うと、中学受験のときは多情多感な時期だということもあり、四人とも妻に対してかなり反抗的な態度を取っていたと思います。中学受験は高校受験と違い、親と子が二人三脚で臨む部分がありますよね。

松丸家では、子どもたちの勉強面は妻が尽力して取り組んでいましたし、子どもたちをリードしていました。ただ、子どもにとっては、勉強をしたくない日や虫の居所が悪い日もあるわけです。この対談で怜吾が話していましたが、妻から言われた言葉にムッとなって反抗し、泣かせてしまったこともあるそうです。

「反射的に口から出た言葉で、母親を泣かせたことが一度だけあり、『やっちゃったな……』と、反省したことを強く覚えています。自分だけでなく母親にはみんな甘えていた部分があり、強く当たっていました。ただ、自分で言うのも何ですが、他の兄弟よりは反抗期が終わるのは早かったと思います。末っ子ということもあり、特に亮吾の反抗期は酷く、『人の振り見て我が振り直せ』ではありませんが、親は大事にしなければと、自分の態度を反省したことが大きかったと思います」。

それでも妻は、息子たちの反抗期にめげることなく勉強面でのサポートを続けていたため、怜吾は受験したすべての私立中学校に合格しました。

市川学園市川中学校、駒場東邦中学校、渋谷教育学園幕張中学校の順に受け、結果的には駒場東邦中学校に通うことにしました。怜吾は自身の希望でこの学校を選んだのですが、母親の期待に応えたいという気持ちも多少はあったようです。

「学校見学は母親と回ったのですが、駒場東邦中学校は校舎がきれいで、雰囲気的にも気に入りました。母親もこの学校が気に入った様子で、ここに行けば喜んでくれるかなと、子ども心に察した部分も少なからずありました」。

ご近所からも、「お宅の怜吾さん、すごく勉強ができるんですよね」と、言われるほど勉強はできる子でした。ただ、試験当日はとても緊張していたみたいで、妻が心配していたのを覚えています。

中学受験は試験会場に親が付き添うのですが、松丸家ではそれは私の役目でした。実際、大吾のときはすべて私が付き添いました。ただ、怜吾が市川学園を受験するときだけ私に用事があったため、代わりに妻が付き添ったのです。

そのときの怜吾が、あまりにも緊張していたので、妻は合格できたか心配していました。しかし怜吾によると、緊張したのは試験会場に着くまでで、試験自体は落ち着いて受けることができたそうです。

「市川学園の試験日が他の学校と比べて早かったので、お試しで受験する人も多く、試験会場を幕張メッセにしていたほどです。そのため会場に向かう人ごみに酔ったのか、着くまでに気分が悪くなり、歩けなくなってしまいました。ただ会場に着いてからは一気に心が落ち着き、試験にも集中できたので、母親が思うほど自分としては心配していませんでした。ジェットコースターも乗るまでが一番しんどくて、始まれば何とでもなる状況に似ているかもしれません」。

本人はこのように言っていますが、私はジェットコースターに乗る前も緊張したことがないので、怜吾は『ナイーブ』な性格なんだと思います。それだけに、他の兄弟のことを気遣ったり、母親の気持ちを察して思いを継いだりできるのです。

そして周囲を思いやる気持ちが、アーティストとしていまに活かされているのだと思います。

実は怜吾の音楽好きは、いまの大吾からは想像できませんが、大吾から影響を受けたようです。
どこの家庭でも同じだと思いますが、松丸家でも子どもたちのカルチャーは、長男である大吾が持ち込んでいました。音楽もそうですし漫画やアニメなども、最初に次男の彗吾が、当時高校2年生か3年生だった大吾から影響を受けるわけです。そして次に小学校高学年だった怜吾が、彗吾から影響を受けるという具合に、上から下に伝播していくように広まっていました。当時インターネットで流行していた『おもしろフラッシュ』を、松丸家に持ち込んだのも大吾です。そのネタ動画に使われていた『SEX MACHINEGUNS』というバンドの曲を気に入ったことがきっかけで、音楽に興味を持ったそうです。中でもドラムに魅了され、いまに繋がっているというわけです。

怜吾は、中学校ではブラスバンド部に所属するのですが、本当は軽音楽部に入ってドラムを叩きたかったようです。しかし、勉強面でもスタートダッシュをしようと入学直後から塾に通っていたため、塾と軽音楽部の活動日との兼ね合いから断念し、ブラスバンド部に入部して、パーカッションを担当したみたいです。

高校生のときの怜吾は、実は数学ではなく国語の方が得意で、しかも歴史好き。まさに文系タイプなのですが、それまでの松丸家は私だけが文系で、妻や大吾、彗吾が理系だったため、自然と怜吾も理系に行くだろうという、暗黙の空気を家庭内に感じていたそうです。

その雰囲気に気圧《けお》されたのか、理系教科では化学が得意で興味があったことから、現役のときは理工学部や工学部の化学科を受験しましたが、志望の大学に入れず浪人。その後、妻が体調を崩し入院して投薬治療を受けていたこともあって、薬学部で薬のことを勉強し、少しでも母親の助けになれたらと考えるようになったそうです。

妻が薬学部出身の薬剤師でしたし、彗吾が薬学部を中退したこともあり、自分が医療系の道に進んだほうが、親が安心すると考えたことも関係しているようです。実際、怜吾も次のように話しています。

「夢物語ですが、新薬を開発して少しでも母親の助けになれればと思い、進路を切り替え、薬学部に的を絞って受験をすることに決めました。結果的には資格は取ったものの薬剤師にはなりませんでしたが、薬学部に入って薬剤師になることで、母親を喜ばせてあげたいという気持ちが心のどこかにあったと思います」。

実はこの決断の裏には、大吾からのアドバイスが大きく影響していたことを、私は今回の対談ではじめて知りました。浪人中、家から通いやすい早稲田大学の化学系の学部か、慶應義塾大学の薬学部で迷っているとき、「資格を持っていた方が世の中に出てから有利」と、薬学部に進むことを大吾から強く薦められたそうです。

ちょうどこの時期、大吾は慶應義塾大学の理工学部物理情報工学科に通っていたため、化学系の学部の学生たちの大変さを目の当たりにしており、弟の怜吾には苦労をさせたくなかったのかもしれません。

妻には相談したようですが、ドラムを極めるために音楽系専門学校の入学も考えていたようです。こちらは、「大学だけは卒業しておきなさい」と反対されたそうです。

このように怜吾は、親や兄弟からの軌道修正を受けながら、いまに至っていると言えます。これは、周囲の意見に耳を傾ける視野の広さが怜吾の中にあるからだと思いますし、根本的に期待に応えたいという優しい性格から来ていると思います。

怜吾が私に言った言葉の中で、いまだに忘れられない一言があります。それは、狙っていた国立大学に落ちたときのことです。小さい頃から頑張ってきて、受験に落ちることは本人が一番辛いはずなのに、「パパ、国立に入れなくてごめん」と、私に落ちたことを謝ってきたのです。

これは医療系の大学の年間の学費を考えてのことだと思うのですが、怜吾は国立の試験のときに熱があり、万全の体調で臨めなかった悔しさがあるにもかかわらず、周囲のことを気遣う優しさがあるのです。

確かに四人も息子がいると学費は大変で、銀行の教育ローンを借りたりもしました。大きっと子どもは子どもなりに、親が家計的に大変なのをわかっていたのだと思います。怜吾は予備校に通わず添削指導だけで大学に合格しましたし、怜吾は奨学金を自分で申請するなど、親の負担が少しでも減るように考えてくれていました。

怜吾の言葉を聞いたときには、「松丸家のことを怜吾なりに心配し、大切に考えてくれているんだなあ」と、親冥利に尽きるというか、嬉しかったのを覚えています。

ただ私も妻も、財産はいずれ無くなるものと考え、お金は子どもたちのために使おうと結婚したときから決めていましたから、息子たちが思っているほど、切迫感はありませんでした。それでも妻が貯金していた退職金を切り崩したりはしていましたから、そんな状況を怜吾は敏感に感じ取り、心配をしてくれていたのだと思います。

私はいまだに、怜吾は文系で東大を受けていたら合格していたと信じています。何にせよ、道から逸れそうになると、周囲の人たちに修正してもらい、結果的には松丸家で一番まっすぐな人生を歩んでいることは間違いないと思います。

## 妻の闘病生活

どこの家庭の父親も似たような経験はあると思いますが、子どもが1人増えるたびに奥さんは母としての時間が長くなり、必然的に旦那さんに対する時間は減ってしまいます。しかも、松丸家は男だけの四兄弟。どうしても妻は育児に時間を割かれるため、私は寂しさからか、家庭よりも友だち付き合いを優先するようになり、外出の時間が増えていきました。怜吾が思春期のときは、サラリーマンを辞め、一階を事務所にして店などを経営していましたから、余計に人付き合いは多かったと思います。

そんな私に対する警告なのか、妻は「亮吾が大学まで行ったら離婚して、静岡の実家で妹と一緒に暮らすから」と、私だけでなく子どもたちにも公言していたほどです。

そんな二人でしたが、皮肉にも妻の闘病生活の半年間で、再び夫婦としての絆が深まったのです。もし妻があのとき回復していたら、今頃は二人で仲良く旅行などに行っていたかもしれません。それほど妻の闘病生活は、妻と私の関係を激変させましたし、私と息子たちの関係も変えたのだと、怜吾の話を聞いて思いました。

「子どもの頃の僕は、父親に対してあまりありがたみが分からなかったというのが本音です。ありがたみを知ったのは社会人になり、自分でお金を稼ぐようになってから。今の自分の給料では、子ども1人すら予備校に通わせられないことが分かり、裏で僕たちのために頑張ってくれていたんだと気づくことができたのです。しかも母親が体調を崩してからは、必ず家に帰ってくるようになり、亡くなるまでの半年間は誠心誠意お世話を続け、最期まで母親を看取ってくれました。特に僕はつい最近まで一緒に生活していましたから、本当に父親には感謝しています」。

亡くなった妻と、「子どもたちには必ず手料理を作ってあげて」と約束したため、食事だけは手を抜かずに、いまだにちゃんと作っています。妻が書き残したお料理ノートを参考にすることもありますが、夕食には肉料理や魚料理などバランス良く作ります。妻は闘病中、元気になったら子どもたちに作ってあげるんだと、テレビの料理番組を見ながらノートにレシピを書き写していたのです。それだけ松丸家は食事にはこだわっていました。

そのため妻の闘病中は、妻の面倒を見ながら、亮吾のお弁当も作りましたし、朝と夜の全員分の食事も作っていました。

この頃の妻は、口から食事を摂ることができなくなっており、胸からのカテーテルによる経管栄養の状態でした。朝昼晩と栄養剤を注入するのですが、ポンプが誤作動したときは、夜中も寝ないで対応していました。それでもお弁当は、毎日欠かさず作っていました。

自宅での闘病中は、私と怜吾の二人が、妻と一緒にいる時間が一番長かったと思います。

10月の後半に入院し、11月の後半には、私が毎日病院まで送り迎えすることを条件に、在宅看護に切り替えました。このときすでに、私は主治医に呼ばれて余命宣告を受けていましたが、子どもたちからしたら、元気になって退院してきたと思うわけです。

しかも妻は、入院の直前まで私と一緒にテニスをしていたからなおさらです。それが、急に足がしびれると言い出し、食べ物を飲み込むときにむせるようになり入院はしたものの、1カ月後には退院して家に戻ってきたのですから。まさか、1カ月から半年の命だと余命宣告されていたとは夢にも思っていなかったと思います。

妻の希望で余命宣告のことは子どもたちにも伝えていなかったですし、自分が変わっていく姿を見られたくないからと、闘病生活のときは親戚にも会いませんでした。在宅看護で戻ってきたときには、もはや水も飲めないような状態になっていたからです。

ただ怜吾だけは、ガンを治療する段階から苦痛を緩和するペインコントロールの段階に入っていることに、在宅療養に切り替わった辺りからうすうす気づいており、栄養剤の交換を手伝ってくれたり、一緒にテレビを見たりなど、極力妻との時間を作って接してくれていました。

この頃、亮吾は反抗期の延長線上にいましたし、彗吾は大学を中退し、引きこもっていた暗黒期。大吾はメンタリスト DaiGo としての仕事が忙しく、テレビなどに引っ張りだこで不在だったため、結果的に兄弟の中では怜吾が一番、妻と過ごす時間が長かったのです。

主治医からは1カ月から半年の命と言われていましたが、結果的に妻は最大の半年間を生き抜いてくれました。妻のご両親も泊まりがけで看病に来てくれていましたが、体を濡れタオルで拭いたり、マッサージをしたりなどのお世話は、妻の希望ですべて私が行っていました。腰から下は感覚がなくなっていたはずなのですが、マッサージをしてあげると気持ち良く寝られるみたいでしたね。

在宅看護中は、妻のベッド横に布団を敷いて寝ていました。狭い場所ですが、私がいると安心できるようでした。それほど、夫婦としての絆を取り戻しただけでなく、より深い関係になっていたのです。

妻が亡くなった4月9日も、午前中は普段どおりに顔を拭いてあげたりして過ごしていました。この頃はもう喋れなくなっていましたが、筆談で意思疎通もできていました。しかし午後になり容態が急変したのです。その日は怜吾が大学に入学し、最初の健康診断の日で、朝に妻とやり取りしていたのを覚えているそうです。

「『行ってきます』を言いに母親の部屋に行き、ホワイトボードに『今日は健康診断なんだ』と、『具合はどう？』と書いたら、『ママのことはいいから遅刻しないように早く行きなさい』と書いてくれたんです。実は、その後もう1回、何か書いてくれたのですが、そのときは筆圧がなく、ミミズのような字で判別できなかったのが残念です。ただ、母親らしく振る舞おうとしていました。亡くなる当日まで、息子のことを案じてくれていたのです。それが、昼過ぎくらいに突如危篤の電話がかかってきたので本当に信じられなかったです」。

妻は、静岡の実家のお父さんとお母さん、妹、息子たち全員に看取られてこの世を去りました。その日は大吾がスタジオ入りしていたため、『せめて大吾が帰ってくるまで、息を引き取らないでくれ』と、心の中で祈っていました。

夜9時に収録が終わり、都内のスタジオからタクシーでかけつけた大吾の姿を見たときは、「ママ！　大吾が帰ってきたぞ！」と、叫んでいる自分がいました。妻も大吾のことを待っていた様子で、大吾のことを認識し、最後は大吾の手を握りながら眠るように亡くなったのを覚えています。

いずれはこういう瞬間が訪れることを覚悟していましたが、実際に亡くなるとショックでした。妻が亡くなってから詩吟に復帰するまでしばらく時間がかかりましたし、仏壇の写真を見ながらボケっとしている時期もありました。

それでも、お通夜や告別式では、息子たちの前では泣きませんでした。罪悪感と後悔からか、一番泣いていたのは彗吾だったと思います。私も陰では1回だけ泣いたのですが、いつ泣いたのかは、息子たちにも教えていません。

妻は、退院して在宅治療に切り替えたことが精神的に良かったのか、お正月の頃はかなり元気な様子でした。あのまま、もっと長く生きていてほしかったという気持ちはあります。ただ、言い方は悪いかもしれませんが、自分なりにやれるだけのことはやったという、自己満足的な部分もあります。

子どもたちの世話をしながらですから、いまから思うとよくここまでできたなと、自分のことながら感心しています。お通夜に来た友人が、あまりにも痩せて顔つきが変わっていたため、私だと気づかなかったほどです。やはり、看病疲れもあったのだと思います。ただこの半年間で、お互いの大切さだったり、好きという気持ちだったりを再確認することができました。そしてこれは、私たち夫婦の関係だけにとどまらず、家族全員が団結することに繋がったと思います。怜吾も今回の対談で、次のように語っていました。

「母親が亡くなったことで、家族は大事にできるときに、大事にしないといけないという意識が、兄弟全員の中に芽生えたと思います。いまでも口論することは多々ありますが、基本的には仲が良いし、これから先も仲良くやっていこうという気持ちになれるのは、本当に二人のおかげだと思います。二人の姿を近くで見ていたからこそ、家族は大事だし大切にしなきゃいけないと、強く感じることができたのです」。

妻は本当にガッツのある人でした。闘病生活でも泣き言の一つも言わずに、治ることを信じて最後まで諦めませんでした。

お料理ノートにしても、「疲れないの?」と聞いたことがありますが、「私が元気になったら、子どもたちに作ってあげたいから、メモしてるのよ」と、すべてに前向きでした。私は終着点を知っていただけに、妻の言葉が辛かったのを覚えています。

特にお正月を過ぎてからは極めて体調も良く、元気に過ごしていたため、私でも勘違いするほどでした。本人も希望を捨ててなかったと思います。

妻は、闘病中でも家族とのコミュニケーションを、ものすごく大切にしていました。

例えばですが、家族と一緒に居たいからと、食事のときはわざわざベッドから起きて、車椅子で家族と食卓を囲んでいました。もちろん、何も食べられませんから、見ているだけです。誕生日のお祝いもしましたが、ケーキも食べられず、見ていて本当に可愛そうでした。

それでも妻はとても嬉しそうにしていました。もしあのまま病院にいたら、年も越せなかったかもしれません。「在宅治療で急に何かあったら困るから」と、病院にいるのも一つの方法かもしれませんが、妻の場合は退院して良かったと自信を持って言えます。

私自身も、家族と一緒にいることがいかに大事かということを、妻の看病をしていて改めて思い知りました。

## 調香師への道

怜吾は、慶應義塾大学薬学部薬学科を卒業し、国家試験に合格して薬剤師の資格を取得するのですが、薬剤師にはならずに、調香師として香料会社に入社します。私は最初、『調香師』なんて地味な仕事、よく見つけてきたなと、感心していました(笑)。

正直、香料会社と聞いたとき、香水を作っている企業に就職するのだと思っていました。香料には香粧品香料(フレグランス)だけでなく、お菓子や飲料に使用される食品用香料(フレーバー)もあるのです。

一般的にはあまり知られていませんが、なくてはならない職種のため、景気に左右されない安定した仕事という理由から、就職先として選んだのだと私は思っていました。

確かにそれもあったようですが、今回の対談で、私が知らなかった調香師の道を選んだ本当の理由を聞くことができました。

「〃好きなことは仕事にしないで趣味に留め、2番目に好きなことを仕事にしなさい〃って、格言ではないですが、言ったりしますよね。僕の場合、一番に好きなことは音楽だと即答できます。『では2番目は何だろう？』と考えたとき、『食べること』だったのです。偶然にも、研究室から出された卒業研究のテーマが香料会社との共同研究で、僕もそのとき調香師というのが世の中に存在することを初めて知ったのですが、食品用香料と『食べること』が結び付くきっかけにもなりました。適正という面からも、昔から鼻が利く方で、匂いだけで誰の持ち物かわかるほどでしたから、『向いているかも』と感じたことも理由の一つにあります」。

怜吾だけでなく、大吾も含め匂いに対し感覚が鋭いのは、妻が食事に気を遣って子どもたちを食育してきたお陰かもしれません。味覚と嗅覚は食経験が大きく影響するため、食べ物の味がわかるようにと食事にはこだわってきました。妻は毎日の料理にも手間隙をかけていましたし、誕生日や結婚記念日などのお祝いはレストランでプロの味を堪能するなど、子どもたちが食べ物に興味や関心を持てるように、工夫して育ててきたつもりです。

しかも怜吾は、お菓子や飲み物の新商品が発売されると、興味を持って買っていました。ドラッグストアでアルバイトをしていたとき、これらのものに触れる機会に恵まれ、より親近感が沸いたそうです。

食品メーカーが作っていると思っていた食品の香りは、実際は香料会社によって作られた香りだったりするわけです。世の中にある商品の香りの多くが、香料会社の手にゆだねられていたと知ったとき、そこに就職し、調香師になることを決意したようです。

ただ、自分がなりたいと思った職業に、簡単になれるほど世の中は甘くありません。怜吾も調香師になることを決めてから、香料会社についていろいろと調べたみたいですが、調べれば調べるほど、狭き門だということがわかり、本当になれるのか疑問に思ったそうです。そこで怜吾は、調香師になれなかったら薬剤師になろうと、逃げ道ではありませんが、心おきなく調香師に挑戦できる環境を作ったそうです。

薬剤師という仕事でお金を稼ぎ、音楽は趣味としてバンド活動をするという人生です。そのことについて、怜吾は次のように語っています。

「調香師になるために就活しているとき、心の中に逃げ道があったことは、精神的な支えになりました。そういう意味では、母親と大吾には感謝していますし、薬学部のある大学を選び、薬剤師の資格が取れるルートに乗って良かったと思います。縁あっていまの香料会社に入社し、楽しく仕事をしながら音楽も続けることができています。周りからの助言により、結局は一番いい選択をしてこられたと思います」。

大学生のときに組んでいたバンドでプロを目指し、音楽の道に進むことを考えていた時期もあったようです。しかし、就活前にバンドを解散しなくてはならない出来事があり、一番好きな音楽は趣味として割り切ることにしたそうです。

ただ、いま組んでいるバンドで自主制作によりCDを作ったり、ライブ活動をしたり、動画を配信したりと、インディーズとして音楽活動は続けているようなので、怜吾の言うとおり、選んだ道は正解だったと思います。

私は理由があってサラリーマンを辞めざるを得ませんでした。家庭の事情で、管理会社を作り、お店を経営することになるのですが、サラリーマンを辞めたお陰で、妻の介護のときにも家にいることができたのです。

これは私の勝手な想像ですが、大吾や亮吾を見ていると、人生の選択肢において、会社でサラリーマンとして働き、一生を勤め上げることが人生の正解とならなかったのは、父親である私の姿を見てきたことも少なからずあるのかもしれません。実際、怜吾も次のように話してくれていました。

「子ども四人を塾や大学に行かせてくれたほどなので、いま思うと、僕たちの見えないところで、すごく堅実にお金を稼いでくれていたのだと思います。ただ、小さかった頃は目に見える世界が正解だと思うため、父親のことも詩吟がライフワークの人だと勝手に思っていました(笑)。お店を経営していましたが、いつの間にかやらなくなってしまったように思えたからです。そんな父親の姿を見ていたので、会社のために働いて、それで給料をもらって、定年までしっかり働くという人生のレールが僕たち子どもの中に敷かれなかったことは良かったと思います。松丸家には、大学までは行きなさいというレールはあったけど、そこから先は自分たちの好きにしていいという自由度があったのです」。

松丸家では、勉強面だけでなく、CDを買ってきては音楽をかけたり、映画もこまめに連れて行ったりと、自然と選択肢が広がるように文化的な面にも触れさせる環境を作ってきました。

一方で、小さい頃から塾に通わせ勉強してきたからこそ、大学で趣味に打ち込んだとしても、卒業できるくらいの基礎的な地盤と貯蓄が備わっていたわけです。

「松丸四兄弟が、自分のやりたいことを一つ選びながらも、人生の柱を何本も建てられるような人間に育ったのは、自由に生きている父親と、堅実な母親とのバランスが良かったからだと感じています。母親は、子どもたちには堅実に生きてほしいと思っていた人で、僕が薬学部を選んだときは喜んでくれましたが、大吾がタレント活動に力を入れていたときは、大吾の将来を心配していました。一方、父親は好きにやったらいいという考えの人でしたから、いま四兄弟がこうして成功しているのは、このいい感じにバランスのとれた両親に育てられたからこそだと思います」。

怜吾はこう語っていますが、怜吾は怜吾なりに、大吾と亮吾に挟まれ、普通に生きている自分にコンプレックスを感じているようです。今回の対談でも、次のような本音を洩らしていました。

「あれだけ上と下の二人が華々しく世に出ちゃうと、間に挟まれている僕と彗吾の二人は、比べなくてもいいのに勝手に比べて、地味な人生を送っている感覚になるというか、まだ何者でもない気がしてしまうのです。もちろん、僕も傍から見たらニッチな職種で、実際に面白く生きているのですが、正直コンプレックスはありますね。ただ、いまでは一周回って、とことん手堅く生きてやろう！　みたいな感じにはなっています（笑）」。

怜吾は怜吾で、調香師という、芸術性が求められる香りのジャンルに携わっています。親の私からしたら、人気商売よりも安心できる仕事に就いていると思います。

## ペットとの思い出

松丸家では、いろいろと動物を飼っていたため、怜吾の章は、ペットとの思い出話で締めくくりたいと思います。

まずは、ウサギです。飼い方が良かったのか、一時期は結構な数を飼育していたこともありました。ウサギの名前で私が覚えているのはゲンちゃんとピーちゃんで、怜吾の話だと一番長生きしたのがピーちゃんだったみたいです。

次は猫です。

松丸家で飼うことになった猫は、もともとは庭に出入りしていた、飼い主のいない猫でしたが、子どもたちが餌をあげたために居着くようになりました。そのうち家の中にまで入ってくるようになったのですが、これはドライフードを階段に置いて、家まで誘導したからだったみたいです。

最初、妻はペットを飼うことに反対していましたが、猫の鳴き声があまりにもかわいすぎて、結局は〝マロン（愛称マロ）〟という名前をつけて飼うことになりました。毛並みが栗色だったからです。マロは手間のかからない猫で、トイレは庭に出て済ませていましたし、夏場は外で過ごし、お腹が空いたときだけ戻ってきていました。冬は寒いため、家で寝ていたと思います。何だかんだ、12年くらいは飼っていました。

年老いてからのマロは、足が不自由になり、ペット用の歩行補助用車椅子がないと歩けない状態になってしまいました。床に障害物があるとマロが通ることができないため、大掃除を兼ねて妻の遺品整理をしたことがあります。

遺品整理は難しく、他人から見たら〝ただの物〟でも、子どもたちにとっては、どれひとつとってもママとの思い出が詰まっているわけです。そのため最初はなかなか捨てられなかったのを覚えています。結局、一度の遺品整理では片づかず、二度目でようやく片付けることができました。

人でも動物でも生きていれば死は必ず訪れるもの。マロは小雨が降る夏の日に息を引き取りました。このとき、子どもたちはすぐに火葬したくなかったようです。しかし夏場で気温も高かったため、腐敗してしまう前にと、私はほぼ強引に動物用の火葬場にマロを連れていきました。

子どもたちにとってマロは単なるペットではなく、ママとの思い出も詰まっている家族の一員ですから、最後の時間を少しでも長く過ごしたいからと火葬に反対する気持ちもわかるのですが、夏場のため長くは置いておけないと判断したのです。そのときは骨壺もなかったため、ケーキを作るときに使う型に、マロの骨を全員で拾って納めました。もちろんその後、小さくてかわいいペット用の骨壷を用意して移し変えてあげました。

男5人、それぞれにポリシーがあるため、このときのように意見が一致せず、ぶつかり合うこともありますが、これからは息子たちとバランスを上手に取りながら、仲良く過ごしていきたいと思います。

今回の対談で、怜吾がこんなことを言っていました。

「今はそれぞれが活躍し、この兄弟で良かったと思っています。ただこの先結婚し、家庭を持つようになると、そちらが自分の新しい家族になります。そうなると、一時的には兄弟同士も疎遠になったりするとは思いますが、子育てが終わり、自分たちが60歳とか70歳くらいになったときに、再び四兄弟の一員であることに感謝できる瞬間が訪れると思っていますし、そのときを今から楽しみにしています」。

私の理想は、四人の息子たちに子ども、つまり私にとっての孫ができたら、バスを一台チャーターして、四兄弟の家族全員と年に1回くらい旅行をすることです。大吾、彗吾、怜吾、亮吾は、兄弟である以上、この先も縁を切ることはできないと思いますが、兄弟の家族同士まで仲良くなれたら最高じゃないですか。少なくとも年に1度、そういう集まりがあれば、自然と兄弟の家族同士の絆も深まるのではと思っています。

妻が亡くなった年の年末年始に、大吾はいませんでしたが、男四人で千葉の温泉旅館に行きました。あのときは、テレビで放送していたリアル脱出ゲームを見ながら、四人で謎解きをして遊んだ記憶があります。もちろん、亮吾が謎解きを言い出す前のことです。その後、同じメンバーで、伊豆の下田にも行きましたね。

そのときは、ハンバーグを食べにいって時間がかかり、帰りの新幹線に間に合わなくなりそうになって、慌てて駅まで自転車を漕いだりして、男四人の珍道中としては思い出深い旅行でした。今度は大吾も入れて、5人でどこかに行きたいですね。

# 父　悟

# 四男　亮吾

## 亮吾誕生

女の子が欲しくて、妻が命懸けで生んだのが亮吾です。

私は、生まれてくる子どもが男の子であることを出産前に知っていましたが、妻にはあえて黙っていました。そのため妻は直前まで女の子だと信じていましたし、樹木の『樹』で『いつき』という名前まで考えていました。

「結果的に男の子で良かった」と、妻もことあるごとに話していましたが、亮吾が生まれた瞬間は、男の子であることにガッカリした様子でした。それでも子どもの名前だけは、『樹』にしたいと考えていたようです。ただ、四兄弟で一人だけ名前に『吾』が付いていないと、子どもが大きくなったときに、「なぜ自分の名前にだけ〝吾〟が付いていないの？」と言われそうな気がしたので、このときばかりはその名前に反対しました。半ば強引に押し切って付けた名前が『亮吾』になります。

『亮』はその昔、大宝律令で定められた役職名のひとつで、四等官という役人の2番目の地位に使われていた「すけ」の意味になります。役所の種類によって、「すけ」に使われる漢字が違っており、亮の他には、『輔』『助』『介』などの漢字が使われていました。語呂というかダジャレではありませんが、さすがに子どもは『亮吾』で最後と考えていたため、『終了』の『リョウ』という意味合いもありました。

亮吾を育てていて感じたことは、『幼少期に家の中に置いてあるモノは、子どもの成長に大きく影響する』ということです。

例えば、足し算、引き算、掛け算、割り算などの計算は、学校で習うまでは知らないわけです。親もあえてやらせないと思うのですが、亮吾は4～5歳のときに、すでに計算を謎解きやパズル感覚で覚えてしまっていました。というのも、兄の怜吾が学校の勉強で使っていた『1＋3』と『4』という数字が表と裏に書かれたカードに興味を持ち、そのうち怜吾からその計算カードを奪うと、数字と記号から法則性を見つけ、いつのまにか計算の解き方を理解していたのです。

小学校入学前の子どもに、計算カードを与える家庭はそうそうないと思いますが、もしかしたら「これは、○歳のときに習う」という大人の勝手な固定観念が子どもの可能性を摘んでいる恐れもあるかもしれないと、そのとき感じました。子どもをスポーツ選手や音楽家にしたくて、かなり早い年齢から指導を始めたりしますよね。それと同じで勉強や学習も子どもが興味を持ったその時が好機であって、年齢にしばられずにやらせた方がいいと、亮吾を見ていて思いました。事実、そろばんを習ったわけではありませんが、亮吾がいままでも計算が速いのは、この計算カードのおかげかもしれません。

この他にも松丸家では、水に濡れると答えがあらわれる日本地図や歴史の知育玩具がお風呂場の壁に貼ってあり、都道府県名や名所名産などをゲーム感覚で覚える工夫もしていました。

また、教育という視点からも、兄弟がいることはすごくアドバンテージの高いことだと、亮吾を育てていて感じました。松丸家のように四人とは言いませんが、兄弟がいることで得られるモノは大きいと思います。そのいい例として、東大受験のときには家庭教師ではありませんが、英語と化学は怜吾、物理は大吾といったように、疑問点があれば家の中に頼れる人がいたのです。兄弟は、よき応援者であり、よきライバルというわけです。

亮吾の負けず嫌いな性格も、兄たちがいたから形成されたと思っています。
亮吾は私や他の兄弟ができないことを探すのが好きで、「難読漢字」にはまっていた時期がありました。とにかく難読漢字を集めてきては、「パパ、読める？」と聞いてくるのですが、ほぼ読めません。同様に兄たちにも出題していましたが、「そんな漢字読めなくても日常で使わないから」と言われてしまい、それならばと日常で使うけど読み方が難しい漢字を探しまくっていました。そして、たどり着いた究極の漢字が、「天牛」だったようです。皆さんは読めますか？「カミキリムシ」と読むそうです。

このように「負けず嫌い」というのが、亮吾の特徴の一つではありますが、一方で「やりたくないと思った瞬間にやらなくなる」という地雷的な特徴も持っていました。この地雷はかなり強烈で、兄弟全員に習わせていたスイミングを先生と喧嘩して勝手にやめてきたほどです。

亮吾の性格をよく理解していた妻は、どうしたら亮吾のやる気を維持させることができるのか、ということを常に考えていました。

ちなみにスイミングをやめてきた理由は、先生の言葉に腹が立ったからだそうです。同じレーンを複数の生徒が交代で泳いで練習していたのですが、亮吾の泳ぎが人一倍遅かったため、亮吾の次の生徒だけ他の生徒の2倍近く待たないとスタートできなかったそうです。そこで先生から「泳ぐのが遅すぎるから、もっと頑張れ！」みたいなことを言われ、その言葉にカチンときた亮吾は、「先生の教え方が悪いから遅いんだ！」と捨て台詞を吐き、勝手にスイミングをやめて家に帰ってきたのです。もちろん帰宅してから妻には怒られたようで、このときのことを次のように話していました。

「ママからは、頭ごなしに怒られたというよりは、最初に行きたくない理由を聞かれました。『先生が嫌だから』と答えると、『別の先生でやってみる?』と、別の提案をされました。母親的には、何かしら運動を続けてほしかったみたいです。そのため、しばらくしてからテニス部に入部しましたが、それも中2のときに先輩と喧嘩をしてやめてしまいました(笑)」。

とにかく亮吾は、上から目線で言われることが何より嫌いで、地雷を踏まれた瞬間、やる気がなくなるのです。テニス部のときは、先輩の引退試合で後輩である亮吾たちが勝ちそうになったため、「引退試合なのにおまえたちが勝つな！」と言われたことに腹が立ち、やめたようです。

実は、四人の息子のうち、誰でもいいから野球をしてほしかったというのが私の本音です。亮吾とは庭でキャッチボールをしたことはありますが、私以外、松丸家では野球に対するイメージが悪いようで、この夢は叶いませんでした。

というのも、私は熱烈な巨人ファンで、巨人が負けると不機嫌になり、「バカ野郎！」と叫びながらテレビに向かってタオルを投げつけていたみたいです。この件については、頭に血がのぼっていたためか、あまり記憶にはありませんが……。

ただ、巨人が負けそうになると、テレビを消して見ないようにしていたことは覚えています。続きが気になった当時小学生だった亮吾がテレビをつけようものなら、頭ごなしに怒っていたほどです。たまに逆転する試合もありましたが、それはそれで後から知って不機嫌になっていましたから、子どもたちが野球に対して興味をもてなくなったのも、仕方なかったと反省しています。

このように子どもたちの野球嫌いは私のせいかもしれませんが、四人も息子がいて、運動部に3年間所属したのはバスケット部の彗吾だけ。大学生のころは空手部で汗を流していた私としては、残念な気持ちもあります。ただ怜吾から、「僕たち兄弟がスポーツを嫌いになったのは、パパが野球の試合を怒りながら見ていたから」とはっきり言われているため、自業自得かもしれません。

ちなみに亮吾は、小学校の授業のクラブでは新聞部を選択していました。『ケロロ軍曹』のイラストを描いた新聞など、亮吾が作った新聞をまとめた文集が、いまでも家に残っていると思います。

小学生でありながら、亮吾が『プチ家出』をしたのもこの頃だったと思います。度重なる妻の忠告も聞かず、テレビゲームに熱中して勉強をしなかったため、とうとうゲームを没収されてしまったのです。そこで反省すればまだ可愛いのですが、早すぎる反抗期といいますか、逆に腑抜け状態になり、ますます勉強をやらなくなってしまい、挙句の果てのプチ家出となりました。

最初のうちは、勢いで外に飛び出した程度に思っていたのですが、日が暮れても帰ってこない亮吾のことが心配になり、妻に頼まれて捜しに行ったのを覚えています。いろいろ探し回った末、ゲームソフトの販売店にいるのを発見しました。なんと、お金を所持しているわけでもないのに、ゲームソフトのパッケージをずっと眺めていたそうです。

その後、そんなにゲームが好きならいくらでもやっていいけれども、ゲームをする前は必ず2時間は勉強をするという約束を、妻と交わしたようです。まさに逆転の発想で、『何時間でもゲームで遊んでいい』というインセンティブを与える代わりに、『2時間は集中して勉強する』というルールを設けたわけです。

## 謎解きの才能

妻はパズルゲームが好きで、それ関係の本を買っては、食卓で解いていました。そんな妻の様子を隣に座って見ているうちに、自然と亮吾もパズルの本に興味を持ち、解き始めるようになりました。不思議と四兄弟の中でパズルの本に興味を示したのは亮吾だけでした。

松丸家には、薬剤師だった妻が所有する理数系の本と、文系の私が所有する歴史の本がたくさんあります。

まだ電子書籍などなかった時代ですから、各自のスマホやタブレットに保存されているなんてこともなく、みんなの目に入る本棚に勢ぞろいしているわけです。つまり、家族ならいつでも自由に手にとり読むことができる環境だったということです。

松丸家では、「本を読みなさい」と、子どもたちに強制することはしませんでした。しかし、楽しそうにパズルゲームの本を読んでいる母親を傍らで眺めていた亮吾が、純粋に興味を持ち、読み始めるようになったのも当然のことだったと思います。

それにしても、四人も子どもがいて、全員が見事に理系に進み、文系の子どもが一人もいなかったことは寂しい限りですが、それだけ母親の影響力は強いということでしょう。

面白いことに亮吾は、好んでゲームの攻略本を読んでいました。しかも、ゲームをクリアするために攻略本を読んでいたわけではないのです。プレイヤー側の目線というよりは、ゲームの全体像を観察したり、どんな仕掛けがあって、どんなステージが用意されているのかを理解する、いわばクリエイター側の目線で楽しんでいたようです。

「小さい頃からゲームで遊ぶことが好きでした。その中でも一番はまったのが、セガから発売されていた対戦型のアクションパズルゲーム『チューチューロケット！』。このゲームは普通にパズルとして遊べるだけでなく、プレイヤーが自分でパズルの問題を作成することもできました。パーツが用意されていて、それを使って自分だけのステージを作り、ネット上で公開することができる優れもの。この他にもＲＰＧを自分で作れるゲームなどにすごくはまっていました」。

と、亮吾が語っているように、小さい頃から出題する側に興味があったようです。

これは、小学生当時の遊びにもよくあらわれていて、例えば友だちと木の棒でチャンバラごっこをするときも、ただ戦うのではなく、「相手のどこに当てたら何点」とか「地面に円を描いて、ここから出ちゃいけない」とか、スポーツのようにルールを決めて遊んでいたようです。とにかく新しいものを作り出すことが好きな亮吾には、自分で決めた新ルールで周囲を巻き込み、楽しくさせる能力が昔から備わっていたのかもしれません。

　このように亮吾を語る上で欠かせないキーワードが、〝ゲーム感覚〟になります。

運動会にしても、走るのは速い方でしたが、単純に速さを競う徒競走よりは、ハードルや平均台などを一つひとつクリアしながら速さを競う障害物競走の方が得意でした。工夫されている遊びが好きだったこともあり、「ここでスピード出して一気に追い抜こう」とか、あれこれ戦略を練りながら駆け引きすることが楽しくて、モチベーションが上がっていたのだと思います。


　そんな亮吾が本格的に謎解きにはまったのは、IQをコンセプトにした『ひらめきで解く問題』を出題するテレビ番組と出会ったからです。従来のクイズ番組では、年齢がそのまま知識量に繋がるため、家族間での勝利は見込めません。そもそも長男の大吾とは9歳も離れています。また、歴史の問題が出題されたとしても、習っていない知識は答えようがありません。そんなこともありクイズ番組は、どちらかというと嫌いだったと思います。

　そんな中、知識量とは関係のない、『ひらめきで答えを導き出す謎解き問題』に出会い、家族の中で真っ先に答えられるようになった経験が、彼の中に大きな変化をもたらしたのです。事実、亮吾は次のように話しています。

「この番組がきっかけで、柔軟性や発想、ひらめきみたいなものが自分のキーワードかもしれないと思い始めました。小学3年生のときです。そこから異常にはまって、ひらめきとか謎解き関係の本を学校の図書室で借りまくり、一年で読み尽くしてしまいました。そのため小学4年生の頃には、問題を解きたくても解けないという状況になってしまったのです。そのとき、『チューチューロケット！』のゲームを作るという発想が閃いたのです。自分で問題を作ってしまえば、新しい問題として楽しめるという考えです。早速、自分で専用のノートを用意し、『謎解きワールド』というタイトルでオリジナルの謎解き問題を作っては、友だちに出題していました」。

実は謎解きだけでなく、学校で習うような問題も小学生のときから作っていたようです。これも〝ゲーム感覚〟です。

学校で使う無機質な計算が並んでいるだけのドリルは、亮吾にとってあまりにつまらないものでした。そこで、楽しく計算ができるように自ら算数の問題を作っては友だちに出題していたのです。

驚いたのは、『算数オリンピック』の大会で出題された問題が、当時小学4年生の亮吾が作った問題と図形の長さが違うだけで、内容が同じだったことです。この頃から、かなり高度な問題を作っていたことがわかりますよね。

実は大学受験のときも、亮吾の考えた数学の問題が、東大の二次試験で出題されたそうです。東大の数学は、難解で複雑な問題が6問出題されるのですが、そのうちの1問は亮吾が想定した問題と同じ考えで解ける問題だったとのこと。6問中3問が解けたら合格と言われている中、1問の予想を当てたわけですから、受験生にとってはすごく大きな出来事だったわけです。

妻は、亮吾の数学的センスが人並外れていることを、彼が小学生の頃には気づいていたようです。小学校低学年のときに、誰が教えたわけでもないのに連立方程式の考え方を使って問題を解いていたからです。そのため妻は、「亮吾の数学的センスはずば抜けている。あとはそれ以外の科目をどうやって伸ばしていくか、それだけを考えてあげればいい」

と、私によく言っていました。

このように学校の勉強も出題者側の視点で、周囲を巻き込みながらゲーム感覚で楽しんでいたため、亮吾の周りには自然と友だちが集まっていたようです。全国的に有名な中学受験用の塾で出会い、いまでも親友のJ君はそんな仲間の一人だったと思います。

塾の計算ドリルは、普通は個人個人で黙々とこなすものですが、亮吾は「誰が最初に解けるか勝負しようぜ！」とか「この問題はすごく難しそうだから、解きたくならない？」といった感じで、『バトル』方式で勉強を楽しんでいたそうです。その盛り上がりの噂は、他のクラスにまで広まるほど。親友のJ君は最初は亮吾より下のランクのクラスでしたが、楽しそうな様子を見て、同じクラスで勉強したいと奮い立ち、亮吾のいる一番上のクラスにまで上がってきたそうです。勉強までも遊びにしてしまう才能は、父親の私から見ても本当にすごいと思います。

このように社交的な性格のため、小学3年生のときの通知票には、「とても元気があって、明るく積極的」と、褒め言葉がたくさん書かれていました。しかし、それと同じくらいの文章量で「朝は早く起きて、朝礼に間に合うように通学してください。先生は亮吾君の将来が心配です」とも書かれていました。

この〝起きられない〟も、亮吾を語る上で欠かせないキーワードになります（笑）。

とにかく朝が弱く、目覚まし時計をかけていても一切起きないため、妻と真剣に「何かの病気なのでは？」と心配していたほどです。

『目覚まし時計で起きない』なんて書くと、「それくらいはあるあるだよね」と、思われるかもしれませんが、亮吾はとにかく尋常ではありませんでした。

目覚まし時計ではまったく役に立たないため、毎朝私が起こしに行くわけです。詩吟で喉を鍛えていますから、声は通るし、起きないとどんどん声のボリュームが大きくなっていきます。当然、亮吾も相当うるさいと感じているはずですが、それでもピクリとも起きる気配がない。仕方がないので、羽交い締めにして強引に洗面所に連れて行き、顔を洗わせて起こすようにしていました。

起きさえすればなんとか学校には行っていましたが、とにかく遅刻の常習犯でした。

しかも授業開始のチャイムが鳴った後でも、悪びれることなく堂々と教室に入っていたようで、ある意味肝が据わっていたと言えるかもしれません。

高校生のときは、一年の登校日数254日のうち、250回も遅刻していました。

亮吾の通っていた高校には『3回の遅刻で1回の欠席扱い』という校則と、『全出席日数のうち3分の1を欠席すると進級できない』という校則があったため、250回も遅刻した亮吾は、『風邪などで1日でも欠席したら進級できない』という状況にまで追い込まれていました。ただ、3回の遅刻で1回の欠席ですから、遅刻ならあと2回はセーフという計算になります。先生から「1日も休めない」と聞かされた亮吾は、「遅刻ならあと2回はできるんだ」と言ってしまい、大目玉を食らったそうです。

この頃は先生の好き嫌いも激しく、苦手な先生の授業だと、一番前の席にもかかわらず、その授業とはまったく関係のない教科の参考書を開いて勉強していたそうです。

## 大吾へのライバル心からの東大受験

亮吾は小さいときから、長男である大吾に対し、相当なライバル心を持っていました。9歳も離れているため、取っ組み合いの喧嘩になることはありませんが、口喧嘩はしょっちゅうでした。なんなら兄弟の中で一番多かったかもしれません。しかも大吾が有名になったことで、亮吾の中のライバル心がますます加速したように見えました。

大吾がフォーク曲げのパフォーマンスなどでテレビに露出していた頃、亮吾は中学生。思春期真っ只中の感受性が強い時期に、知らない人から「メンタリストＤａｉＧｏの弟なの!?」と話しかけられたり、フォークを渡され「弟も曲げられるの？」みたいなことを言われたりしたそうです。

私でさえ「お父さんも人の心が読めるんですか？」と言われることがありました。ただこの歳になれば、「私には霊感があるんです！」と、冗談でかわして笑いにできるわけです。しかし亮吾は感受性の強い時期でしたから、自分ではなく大吾の話ばかりされることに反発心が芽生えたのだと思います。

だからこそ亮吾は、メンタリストＤａｉＧｏの弟だということを、テレビに出始めた当初はあえて伏せていたようです。もちろんプロデューサーさんからは、「メンタリストＤａｉＧｏの弟だと公表したほうが、本も売れるし、テレビの視聴率も上がるから」と、かなり説得されたみたいですが、かたくなに断っていたようです。

中学時代に大吾に対して抱いていた心境について、亮吾は次のように語っています。

「自己表現の方向に進んだのは、大吾への反発心や対抗心があったからです。フォーク曲げなどのパフォーマンス中心の大吾を見て、『自分は何ができるんだろう？』と考え、辿り着いたのが〝自己表現〟でした。麻布中学校では自己表現のために、仲間と動画を作ってはインターネットにアップしていました。麻布中学校を選んだのは、私服だったこともですが、生徒が思い思いの形で自由に何かを発信している姿に惹かれ、かっこよさを感じたからです」。

中学受験ですが、麻布中学校の入試では算数が満点でした。試験の翌日に発表される解答速報で答を確認した亮吾が、「全問、正解だった！」と喜んでいましたし、その時点ですでに合格を確信していたようです。ただ妻は、筑波大学附属駒場中を希望していたようで、そこの受験を薦めていました。しかし、亮吾は第一希望だった麻布中学校に合格したため、その後の試験は全然やる気がおきず、妻とは「筑駒はわざと落ちた」と話していました。今回の対談で本人に確認したところ、試験中は寝ていたとのことです（笑）。

麻布中学校の自由な校風と生徒の自己表現は、入学式のときにたっぷり見せ付けられた気がしました。なんと新入生を応援するために登場した在校生の容姿が、茶髪や金髪だったのです。「こんなところに子どもを預けても大丈夫なのか？」と、夫婦そろって不安になったのを覚えています。

ただ、亮吾が思い描いていた『自由奔放に自己表現をする』という当初の目的は、麻布中学校で実現できたようです。実際、中学1、2年生のときはテニス部に所属しながら友だちと集まって、ゲーム実況や一緒に歌った動画をSNSにアップしていました。

その後、テニス部をやめてどこにも所属していなかったときに、友だちが新規で立ち上げた演劇部に誘われて入部し、脚本を書いたりしていました。演劇に興味があったというよりは、既存の部活動ではなく、ゼロから自分たちで立ち上げて、歴史を作り上げていくという部分に惹かれていたようです。

このように、大吾のパフォーマンスへの対抗心から自己表現に目覚めるわけですが、そもそも中学受験を頑張れたのも、大吾に対する負けず嫌いからでした。

亮吾はそのときのことを、こう語っています。

「小学4年生のときに大吾の受験の結果が出て、『東大に行けなかった』と大吾が母親に話しているのをすぐ横で聞きながら、『じゃあ、僕が東大に行くよ』と、反射的にですが母親に宣言していました。いま思うと、めちゃくちゃ生意気ですが、母親的には嬉しかったと思います」。

東大へ行くということは、勉強では大吾の上を行くということになります。

妻のすごい所は、そんな亮吾の性格を把握していて、「東大に行くには、中学受験でも上のランクの学校に行かないと受からないのよ」と、上手に誘導していたことです。その言葉で、亮吾の中学受験に火がついたわけですから。

この他にも妻は、家族が寝静まった後に、亮吾のために手づくりの『過去問ノート』を作っていました。これも、『やりたいことを優先し、やりたくないことはやらない』という亮吾の性格を理解していたからだと思います。このノートの内容について、亮吾は次のように話しています。

「僕は1度間違えた問題に興味を持てなかったので、復習を全然しませんでした。しかしその勉強方法では苦手な分野を克服できないため、成績が上がらないことに母親は気づいていたのです。そこで模試でも教科書でも塾でも、とにかく僕が間違えた問題をすべてコピーしてノートに貼り、間違えた問題だけのノートを作ってくれたのです。そして、1冊分が溜まるごとに、そのノートを渡してくれていました」。

妻は夜中に亮吾のノートを作っていましたが、それが終わると趣味であるパッチワーク作りをしていました。「いつ寝ているんだろう?」と、不思議に思っていたほどです。ただこの時間が、子育てから解放される唯一の息抜きの時間になっていたのだと思います。

とにかく集中力が高く、几帳面な人でした。私の父が用事を頼むときも、「悟に頼むといつ終わるかわからないが、順子さんに頼むと期限内にきちんとやってくれる」と言っていたことを思い出します。妻の性格を受け継いでいるのか、亮吾もスイッチが入るとものすごい集中力を発揮するのですが、なかなかそのスイッチがオンにならない困った部分はあります（笑）。

事実、小学生のときは大吾への反骨精神や妻のノートのお陰で、偏差値の高い中学に入学できたのですが、高校生になると「僕が東大に行く！」という気持ちもすっかり薄れていたような気がします。「自分が東大に行くとはまったく思っていなかったけど、麻布高校だから、取りあえず受けるだけは受けておくか」くらいの気持ちだったそうです。

私はあえてとやかく言いませんでしたが、高校1年生のときはすっかり勉強をやらなくなり、予備校にも行かず、ゲームセンターに通ってばかり……。東大コースの授業料が高いことなど一ミリも気にすることもなく、世間知らずのよくある変な自信からくる「何とかなるでしょ」精神で日々過ごしていたようです。

そんなときです。妻の順子が亡くなったのは……。

高校生の子どもにとって、『親が死ぬ』ことは考えもしなかった現実だったのでしょう。いままで当たり前のようにそばにいてくれた母親が亡くなり、1週間ほど学校も休んでいましたから、想像以上のショックだったと思います。

実は、残された私や子どもたちに向けて、妻は手記を残していました。その手記は、病床でどんなことを考え、子どもたちに何を期待していたのかがわかる内容で、読んだときには胸が締め付けられる思いがしました。

手記には、「怜吾が大学に行くところを見届けたい。もし神様がもっと許してくれるなら、亮吾が東大に受かるところを見てみたい」と、書かれていました。

妻は、大吾と彗吾はもちろんですが、怜吾が合格するところまでは見届けて亡くなっています。亮吾の数学に対する才能に期待していましたから、亮吾が東大に合格するところを見るのは妻にとっても夢だったのでしょう。

末っ子であり、まだ高校生だったというのも心配の理由だったと思います。その表れか、妻は亮吾への形見として結婚指輪を残していました。

それまでゲーセン通いばかりで、ほとんど勉強をしていなかった亮吾ですが、この手記を読んでから勉強に対する取り組み方が一変しました。今回の対談でも、心境の変化について、次のように話しています。

「僕が小学校4年生のときに言った〝東大に行く〟という夢を、母親はずっと覚えてくれていて、応援してくれていたことに気づいてからは、自分で言うのもなんですが、本当に頑張って勉強しました。手記を見る直前の高2の春の学校の全体テストでは、300人中298位と下から数えたほうが早く、東大は絶望的な状況でしたが、高3の春のテストでは全体で7位。このとき、やればできるんだということを学びました」。

勉強に限ったことではないでしょうが、『心の中に明確な目的』を持っていないと、そこそこは上に行けても、突き抜けるところまでは達しないのかもしれません。

例えば亮吾の場合だと、大吾への対抗心から、『東大に行きたい』という目的ができたため、『中学受験を頑張らないと』と、勉強に火が付いたわけです。そして高校2年のときは、妻が残したメッセージを見て、『絶対に東大に行く』という明確な目的ができました。

大人になってからの勉強と違い、学生のときは『何となく勉強している』人が多い気がします。何となくでは、目的を持って勉強をしている人には、絶対に勝てないと思います。
これについては、亮吾も同じことを感じていたようです。

「勉強するとき、〝勉強して何になりたいのか〟〝勉強して何をしたいのか〟といった、〝勉強をする意味〟を本人が自覚しているかどうかは、とても重要だと思います。〝義務教育だから〟では、〝赤点を取らない程度に頑張ればいい〟にしかならないのです。母親や父親が最初にやるべきことは、『勉強しなさい！』と子どものお尻を叩くことではなく、『勉強すると、こんなにいいことがあるんだよ』と、教えてあげることだと思います」。

子どもが勉強をやらなくなる原因は、「なんで勉強しなくちゃいけないの？」と子どもが聞いてきたときに、正しく答えられない親にもあると思います。
「とりあえず、将来のためにやっておきなさい」では、勉強する明確な意味や目的を見つけられないままです。勉強することで、「社会はどうなっているのか」「世の中はどういう仕組みになっているのか」という事実を知り、その結果、物事の本質を見抜き、自分なりの答えを見出す力を身につけることで、普段の生活においても正しい判断ができる人間になれるのだと思います。

皆さんもご存知のように、亮吾は無事に東大に合格しました。ここで東大受験のときのエピソードを二つ紹介させていただきます。

一つ目は、提出書類の不備に関するエピソードです。受験票を紛失してしまい、センター試験当日に再発行してもらって受験したまでは良かったのですが、後から正規のものが見つかったのです。二次試験の願書を東大に郵送するときは、センター試験のときに再発行してもらった方の受験票を同封しなければならなかったのですが、紛失して見つかった方の受験票を同封してポストに投函してしまいました。その後、ミスに気づいたのですが、東大は書類に不備があると受験が認められないため、慌てて郵便局に駆け込み、事情を説明して、東大のある本郷局で差し止めてもらいました。最終的には無事に願書を取り戻すことができ、私としてもいろいろと郵便局を走り回った甲斐があったというものです。

親として、亮吾がどれだけ勉強をしていたのか目の当たりにしてきた身としては、書類の不備というどうしようもないミスですべてを水の泡にしたくなかったのです。私があれほどまでに機敏な行動が取れたのも、そんな心の表れだったと思います。

そして二つ目が、結果発表のときです。数学が120点満点中90～100点ぐらいだったため、結果的には偏差値もかなり上の点数で合格していたのですが、試験が終わってから発表までの2週間、亮吾はご飯を食べても味が感じられないくらい、生きた心地がしなかったようです。

合格発表は私と亮吾だけでなく、彗吾や怜吾も加わり、男四人が一台のパソコンの画面に顔を寄せ合って、ギューギュー状態で見守りました。最初、なかなかアクセスできなかったのを覚えています。それでも亮吾の受験番号を画面上で見つけたときは、思わず四人で歓喜の万歳をしていました。

そんな想いで入学した東大ですから、教育関係に興味を持ち始めたことをきっかけに、改めて大学でも真剣に取り組みながら、卒業だけはしてもらいたいと思っています。

松丸家の子育て術

今回の対談で、松丸家の子育てや教育に対して、亮吾が次のように話してくれました。

「子どもの僕から見て、母親のすごいところは、子どもがうまくいかなかったときでも、決して子どものせいにしなかったことです。僕もときどき親御さんから相談を受ける機会がありますが、『うちの子は頭が良くないから、成績が上がらないのですが、どうしたらいいですか？』と、子どものせいにしてしまう親がとても多いように感じます。うちの母親は、絶対に子どものせいにはしませんでした。しないどころか、僕の成績が悪いと、むしろ母親のほうが落ち込むのです。『私の教育方法が悪いから、亮吾の成績が上がらない』と、母親が反省してしまうことが逆に子ども心に響き、勉強しなくちゃという気持ちにさせられました」。

妻はこの他にも、「うちの子、すごい算数が得意で天才なんです！」とか「うちの子はこんなにすごいんです！」という話を、周囲の人によくしていました。

親って子どもが小さいうちは、〝親バカ〟と言われながらも子どものことを褒める発言をするのに、成長するにしたがって徐々に褒めなくなる（むしろ人から褒められても謙遜する）ように思います。しかし、妻が周囲に亮吾のことを褒めていた話は、回りまわって亮吾の耳にも届いていたようで、「うちの親は自分に期待してくれているんだな」と、感じていたそうです。

『謙遜さ』は日本人特有の美徳と言われており、それを否定するつもりはありませんが、我が子に関しては、いくつになっても親バカで良いのではないでしょうか。

亮吾がサイン会を開催していたときの話です。親子で参加していた親御さんが、「うちの子、本当に勉強のできない駄目な子どもなんですが、どうしたらいいですか」と、子どもを目の前にして亮吾に聞いてくるケースが多々あったといいます。親が勉強のやり方を熱心に教わる姿勢はとてもいいと思いますが、子どもの前で、『駄目な子ども』と否定することは絶対にやめた方がいいと思います。子どもがその言葉に自信をなくすだけでなく、親が諦めている環境では、どんなにいい種だとしてもきれいな花は咲かないでしょう。

同じ質問でも、「うちの子は、やれば勉強ができるのに、なかなか成績が上がらない。親の私に何かできることはありませんか？」と質問するのとでは、子どもの気持ちになって考えれば、おのずと答えは出ていますよね。子どもって、小さいときは特にですが、親の言動に対してとても敏感なのです。大切なのは、〝けなす〟のではなく、自信を持たせてあげることです。

子どもたちに自信を持たせてあげるという点では、亮吾が小学校を舞台に開催している謎解きイベント『謎解きやろうプロジェクト』もそのひとつだと思います。

『謎解きやろうプロジェクト』は、新型コロナウイルス感染拡大の影響で、修学旅行が中止になったり、友だちと気軽に遊べなかったり、行事が減って学校での思い出作りもままならないという子どもたちのために、楽しい時間と夢を与えたいという思いから、亮吾が学校巡りをしている謎解きプロジェクトです。

ここでは、知識に頼らずひらめきだけで解くことができる問題ばかりが、50問出題されます。ボードに貼られた謎を、1～6年生までの生徒が同時に30分で何問解けるのかを競うのですが、この『謎解きやろうプロジェクト』について、亮吾が印象的な話をしてくれました。

「50問中46問とか、めちゃくちゃ解く子もいます。でもその子が、その学校で成績上位の生徒とは限らないのです。例えば、勉強が苦手なサッカー少年が、速攻で解答を導き出したり、数多く解いたりするわけです。そういう子どもたちと接していると、勉強の成績が世の中のすべての尺度ではないと感じさせられます。学生のときは、ものさしはひとつしかないと思いがちですが、そんなことはないのです。謎解きでも何でも、勉強以外で自信を持った子どもが、付随的に勉強も伸びていく可能性は十分にあると思います」。

亮吾の取り組みは、子どもたちの励みになっているようで、親の私としても誇らしく思います。子どもは、ちょっとしたきっかけで、勉強に限らずやりたいことを頑張れるようになったりしますからね。

ただ一方で、最近の風潮として、普遍性というか、みんなが同じ土俵で競わなければならないことが多かったりもします。学校の運動会の徒競走でも、事前に生徒全員のタイムを測り、同じレベルの生徒同士で競争させたりしますよね。このやり方に私は疑問で、名前順でも何でもいいので、ランダムに競わせた方が良いと思っています。勉強はできないけれど、運動はできるんだと、運動が得意な子どもは徒競走で自尊心が持てるわけです。

松丸家の四兄弟にしてもそうです。全員を同じように扱うのではなく、いいところと苦手なところを理解して生かしてあげる、これこそが松丸家の育て方の特徴だと思うのです。

当たり前ですが、兄弟といっても性格は四者四様、それぞれ違います。子どもが自分なりに考えて、自分なりの結論を導き出す。それに対し親ができることは、アドバイスするくらいしかありません。実際に行動するのは、親ではなくて子どもたちなのですから。親は、ただ子どもを信じて応援することが大切だと思います。子どもにとって、親は自分を信じて声援を送り続けてくれる、もっとも身近な応援団なのです。

私は、どちらかというと子どもたちの精神面のサポートを心がけてきました。

例えば、毎日の勉強で亮吾が辛そうな素振りを見せていたり、友だちと喧嘩して落ち込んでいたり、妻から怒られたりしたときには、ボーリングやカラオケに誘っては励ましていました。いまから思うと、ホントに小さいときからカラオケに連れて行っていたので、「どんな親なんだ？」と思われるでしょうが、気分転換をさせてあげることが私の役目だと思っていたのです。

一方、妻は子どもたちのために教育関連の書籍をたくさん読んでは、積極的に勉強に取り組んでいました。松丸家では、このように母親と父親とで役割分担を明確にしてきたつもりです。亮吾は勉強もできますが、『いろいろな人に好かれている』という点では、私が重要視してきた人間形成という面においても、私に似て良かったと思っています（笑）。

最後に、松丸家の壁に貼ってある『子育てのハヒフヘホ』を紹介して、この本を締めくくりたいと思います。

「ハは励ます」
「ヒは引き出す」
「フは奮発させる」
「へはへこたれない」
「ホは褒める」

松丸家ではこれを紙に書いて、日々の生活で目に付く場所に貼ってあります。

この教育法には、「勉強をさせる」という言葉は一切入っていません。大切なのは、勉強をさせるのではなく、子どものモチベーションをあげたり、本人が勉強をやりたくなるような環境を作ってあげることなのです。そのための『子育てのハヒフヘホ』なのです。亮吾もこれについて次のように話しています。

「実家に帰ったとき、久しぶりに『子育てのハヒフヘホ』を見て、心がジーンとなりました。うちの両親は、僕が勉強をしたくないときは励ましてくれたし、スイミングをやめて帰ってきたときは、なんでやめてきたのか、理由をちゃんと聞いてくれました。家にパズルの本を置いて才能を引き出してくれたし、東大に行きたければ、勉強して中学受験を頑張るようにと、奮発させてくれました。子育てがうまくいかなくても、母親は自分のことだけを責めて、決して子どものせいにはしなかったし、それでもへこたれないで、復習ノートを作ってくれた。しかも成績が良かったら、『頑張ったねー』って、すごく褒めてくれたのも母親でした。ホント、いまの僕があるのは、この〝ハヒフヘホ〟のおかげかもしれない」。

亮吾の言うように、松丸家の教育方針は、『子育てのハヒフヘホ』に集約されるかもしれません。
私は妻と二人で松丸家をスタートさせ、息子たち四人がそれぞれの道で頑張ることができる環境を作ってきたつもりです。今回、このような機会をいただき、息子たち四人と改めて松丸家の歴史を振り返ることができました。

早いもので、妻が亡くなり10年目を迎えようとしています。月日は経ちましたが、いまだに妻には感謝の気持ちしかありません。しかもこの10年の間に、妻の想像以上に成長し、頼もしくなった息子たちがいます。おそらく天国で見守ってくれているとは思いますが、こんなに喜ばしいことはありません。

この本も、息子たちが協力してくれたお陰で実現できたようなものです。自分の息子たちではありますが、改めてここに感謝の言葉を伝えたいと思います。大吾、彗吾、怜吾、亮吾、本当にありがとう。占いではもう少し長生きする予定なので、これからもみんなの成長を、妻の分まで見届けていくつもりです。
最後に、ここで語った内容が、少しでも皆さんの子育ての参考になればと願っています。

# 家族団欒

# ママが亡くなって変わったこと、<br>感じたことについて四兄弟と父が語る

**亮吾**「一言で言うと、**ママが亡くなって逃げ道が消えた**と思う。どういうことかというと、小さいときからずっと母親がそばにいてくれることが当たり前という前提で、すべてのことを考えていたところがあった。中学受験のときもママがつきっきりで面倒を見てくれていたし、ママに任せていればなんとかなる、みたいな甘い考えの時期が続いていた。そもそも、かなり自分勝手だったと思う」

**怜吾**「ひどかったよね」

**亮吾**「ほんと……、ママに一番反抗してた」

**大吾**「いまは自分勝手じゃないみたいじゃない」

(一同笑)

**亮吾**「ママが病気と闘っていたときも、当時はなんとかなるだろうと思っていた。だけど、**もう無理かもしれないって知った瞬間、初めて現実に直面した**というか……なんだろう……それこそ塾もサボって行く気にならなくなった」

**大吾**「あれ何年生のときだっけ……高2?」

**悟**「高2になる前だよ。高1の冬。とにかく大変だったんだよ……学校のプリントとかも全然持ってこないからさ」

**亮吾**「見せたって、パパ見ないじゃん」

**悟**「見ないって、お前が見せないからだろ」

(一同笑)

**亮吾**「とにかくそういうことがあって、初めて自分の将来のこととか、自分が何をしたいのかとか、そもそも何のために生きているんだろう、みたいなことをすごく考えた時期だった。(ママが亡くなったのは)高2の春で、演劇部に入ったばかりだったけど退部して、そこからはずっと勉強していた」

**悟**　「目覚めたんだよな」

**亮吾**「確かに、音ゲーをやらなくなったのが一番でかいかも。音楽ゲームをやめて、ゲーセン通いがめちゃ減ったから」

**怜吾**「それでも、亡くなってからしばらくはゲーセンに行ってたよな」

**亮吾**「行ってた！　逆に一時期また悪化したんだよね。それなのに、**誰も止めてくれなかったことが、余計に考えるきっかけになったんだと思う**」

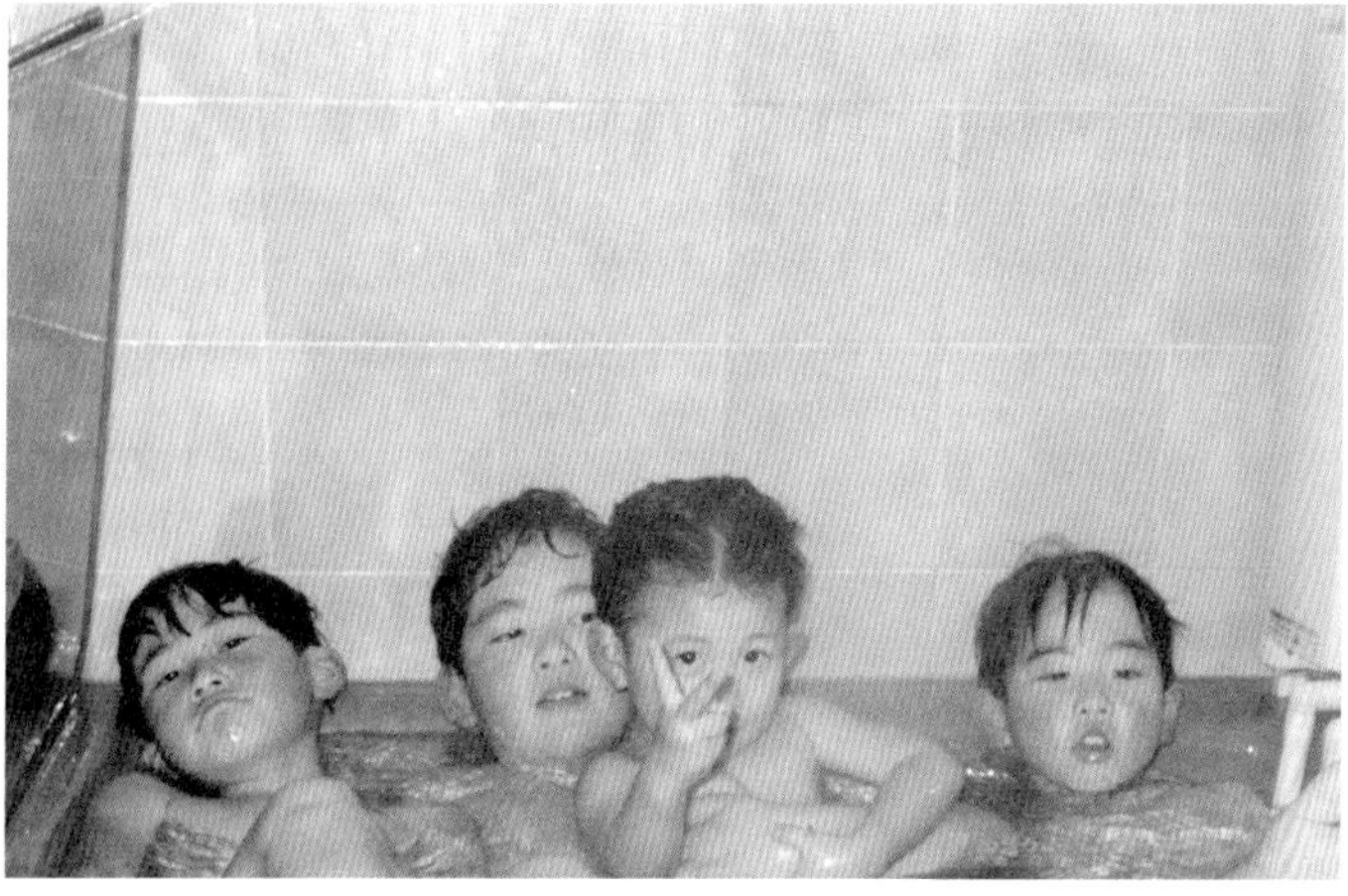

悟「パパも一切止めなかったもんな」

亮吾「そう！　パパが止めなかったのも良かった。あのとき止められていたら、今度はパパが守ってくれると思って甘えていたと思う。一週間、学校にも行かなくなって……それでも誰も何も言ってこない、ってなったとき、『誰も守ってくれないんだ』と思ったのと同時に、**「自分の将来は自分で決めなきゃいけないんだ」**ということに気づいて、「いったい何をやっているんだろう」と、自分自身と向き合えたのが一番でかかった。しかも、誰も話しかけてくれなかったからね……ただ、怜吾には何か言われた気がする」

怜吾「そうだっけ？　自分も大学に行きはじめたばかりで、いろいろ環境が変わって結構バタバタしていた時期だった」

亮吾「怜吾から、『パパは予備校に行ってないことを知ってるよ』みたいなことを言われた気がする」

怜吾「僕も同じ予備校に通っていたので、パパから『予備校から亮吾が来てないって連絡があったけど、どう思う？』と、訊かれたことは覚えてる」

**亮吾**「それを、パパから言われたんじゃなくて、怜吾から言われたの。『塾に行ってないんだって？』って」

**大吾**「なんか、みんな、1個上同士がいい兄貴をしているんだね……」

**怜吾**「いや……僕と彗吾はなんにもないよ」

（一同笑）

**亮吾**「ママが亡くなってから素行が悪化して、どんどんひどくなって、パパが知っていたのに何も言わないことを怜吾から聞かされて知って、すごく申し訳ない気持ちになった時期があった」

**悟**「だってさ、**親が言ったって子どもはやらないからね。自分で目覚めないと**」

**亮吾**「よく我慢できたよね」

**悟**「言いたかったけど、言わなかった」

**亮吾**「それで、本当に自分でなんとかしなくちゃって思い、学校も塾も行くようになった」

**悟**「黒板にカウントダウンを書いていたでしょ」

**亮吾**「書いてたね。東大受験まであと何日ってやつ！」

**悟**「あれを見て、ようやくやり始めたなと思ったの。実際に1日十何時間も勉強していたからな」

**亮吾**「始めてからは、怜吾と大吾に勉強方法を聞いた覚えがある。どの参考書がいいんだろうかとか……自分は一番数学が得意だったけど、英語は怜吾に教えてもらってた！」
**怜吾**「化学もだろ？」
**亮吾**「あ、化学もだ！　英語と化学は怜吾が得意で、物理は大吾に訊いてたよね」
**大吾**「まあ、物理は俺が得意だったからね」
**彗吾**「僕はゲームが得意だった（笑）」
**怜吾**「彗吾は部屋から出てこなかったけど、オンラインで対戦しているらしく、叫び声だけが聞こえてきた。机をバシバシ叩く音が響いて、怖かったな……」
**悟**　「お前、ごはんだって、自分の部屋にこもって食べてたよな」
**彗吾**「だって、みんなと一緒に食べたくな

かったから」

悟　「一番心配していたんだよ。そのままニートになっちゃうんじゃないかって」

彗吾「でも母が亡くなって、告別式のときくらいから変わったよね」

悟　「あのとき、ずっと泣きっぱなしだったもんな」

彗吾「めちゃくちゃ泣いたね。そのあたりから、兄弟と話すようになって……。たぶん、**みんな察してくれて、話すようになった。自分も歩み寄る努力をして、話すようになった。**そこからいろいろと変わった」

悟　「でも、彼女と出会ってからが一番変わったよな」

彗吾「まあ、**彼女の存在が一番大きかったのは事実。**何かしなきゃいけないと思いつつ、結局変わったのは奥さんになる彼女と出会ったころからだったよね」

大吾「僕らの地元は、『北斗の拳』でいうとジードしかいないような場所だからね。うちの親父さんは、地元では本当に超レアな存在。そういう意味では、僕たちは生まれとか環境とかは良くない。その中で**親父さんの優しさをキャラに例えるとしたらトキかな。**おかげでこの兄弟が育ったみたいな」

怜吾「トキって……」

（一同笑）

大吾「親父さんの人の良さを少々盛ったかもしれない（笑）。一般的に環境が良くないと、

子育てってうまくいかないのよ。でもうちの母親は、それを全部ひっくり返してこの四兄弟を育てたから、かなりすごいと思うわけ。オックスフォードのど真ん中とか、世田谷区の成城とかの教育ママばかりがいるような、そういう環境じゃないのよ。だから、**僕らのことを、環境が良かったからとか、育ちがいいからとか言わないでほしい。**『それはあなたが努力していない言い訳ですよね』という話になるので」

**怜吾**「確かにそうかも……大吾が中学受験くらいのとき、地元はリアルに世紀末ぽくてヤバかったからね」

**亮吾**「話を戻すと、一番印象的だったのが合格発表の日かな。大吾はいなかったけど、パソコンを見ながら僕の受験番号をみんなで探

してくれて……怜吾が誰よりも先に見つけたんだよね」

**怜吾**「そうだ！　僕が先に見つけたんだった」

**亮吾**「あったー！って叫んで、それで合格を知った」

（一同笑）

**亮吾**「僕が連絡する前に大吾から、『東大合格したんだって』ってLINEが来て、『したよ』って返したら、『お前が勝ったのは学歴だけだからな』って返ってきた」

（一同笑）

**亮吾**「でも僕は、**その言葉にすごい助けてもらったの。**東大に入って1カ月くらい経ったときに、ようやくその言葉の意味に気づけたんだよね」

**大吾**「そうなの？」

**亮吾**「学歴だけ勝ったと言われたとき、大吾は東大に受からなくて慶應だったから、ひがんでいるのかなと思っていたの。でも、1カ月経ってみて、周りがみんな東大生という環境になったとき、東大というブランドに価値がなくなってきた。みんな東大生。その中で勉強している。本当にめちゃくちゃ成績優秀で、一生かかっても絶対に勝てない人とかいるわけで……」

**大吾**「中には宇宙人みたいな人もいるからね」

**亮吾**「勉強のために生まれてきた、まさに宇宙人みたいな人や、文武両道で何でもできる人や恐ろしく文才がある人、音楽の才能があって『ボカロＰ』として有名になっている人もいる」

**怜吾**「そんな人もいるんだ……」

**亮吾**「いる。そういう世界にいざ入ってみたら、『東大ってなんだろう？』と思えてきて、そのときはじめて大吾のＬＩＮＥの意味がわかった気がしたの。『お前が勝ったのは学歴だけだぞ』という言葉には、僕なりの解釈だけど、東大に受かったからといって何かを得たわけじゃなくて、**『自分が何をしたいのか』、『自分の進む道をしっかり見定めているのか』、という警告**だったのかなと」

**大吾**「なるほどね……俺は慶應には黒装束で通っていたからな……しかも、わざわざ歩けるように練習して、下駄を履いてた」

**彗吾**「履いてたね、下駄」

**怜吾**「天狗のような一本下駄で、歩いていたよね（笑）」

**大吾**「あれ、今でもあるよ」

**悟**　「そんな大吾の姿を見て、ママが心配していたよ」

**大吾**「下駄を履いて通っていたら、誰も目を合わせない。何がすごいかって、慶應とかに行く道って結構混んでいるんだけど、スーっと道が開くんだよね。やべえ奴が来たと思って、みんなよけてた」

（一同笑）

**大吾**「あれ？　モーセにでもなったのかなって（笑）。しかも、下駄の音が5階の研究室まで響くみたいで、俺が一階に入ってきただけで来たことがバレるという」

**彗吾**「でも、荷物とかひったくられたら下駄じゃ追いかけられないね」

**大吾**「投げればいいでしょう、下駄を（笑）。でも、さすがにひったくり犯も、こんなやつは狙わないと思うよ」

**亮吾**「助けられた話でいうと、大吾の生き方もそのひとつかな。既存のルートというか、**みんなが当たり前に思う人生の生き方みたいなことを、大吾がぶち壊してくれた**と思う」

**大吾**「例えば何よ」

**亮吾**「東大の研究室で日々研究して、大学院まで行って卒業していく先輩の話を聞いたときに、『東大ってやべえな』と思い、自分で会社を作った」

**彗吾**「やべえって何が？」

**亮吾**「東大に入ったばかりのときに、将来の夢について、大学３年生の先輩たちに聞く会があって、そこで『将来は何をしたいですか？』って質問したら、『別に何も……普通に就職かな……化学系の会社に』という答えが

返ってきたの」

**怜吾**「『とりあえず論文出して、いい会社に入って、安定した暮らしをしたい』と言われたんだよな」

**大吾**「東大もそうだけど、**狭き門を通らないと入れないからね。そうなると、多様性が壊れる**のよ。そこから頑張ろうとしても、せいぜい良い企業に入るとか、アーティストは珍しいところだけれど、俺からするとアーティストも誰かがやってるし……」

**亮吾**「ああ……」

**大吾**「歌手になりたいと言っている人も、歌手を見てそう思っているわけ。歌っている人を見て『音楽をやりたい』、ピアノを弾いている人を見て『ピアノをやりたい』。つまり、誰かがすでにやっていたことを、よりうまくやるかどうかなのよ。**全然違うジャンルを自分でゼロから作ろうとする勇気のある人はほとんどいない。**それは、大学生の分際で無駄にプライドがあるから。自分はこれができるとか。だから、突拍子もないことはできないのよ。ゆえに東大出身の起業家で優秀な人があんまりいないと言われるのは、そういうこと」

**怜吾**「確かにプライドはあるかもね」

**大吾**「失敗できないという気持ちになっているんだよね。それこそ、**大学生の時はどんどん失敗しまくればいいと思う**けど、チャレンジしないから失敗もない」

**亮吾**「その先輩たちの話を聞いて、ヤバイ！　ここにいたら終わると思ったの」

**大吾**「それで大学行ってないの？　いま何年生だっけ？」

**亮吾**「それで一旦、休学して……」

**悟**　「それは、いいわけだよな」

（一同笑）

**亮吾**「大吾が最初に『メンタリズム』という言葉を生み出して、**ある種の逆ピラミッドを作った**わけじゃない。最初に下がいっぱいいて、そこのトップになるのではなく、自分でその層を下から積み上げていくみたいなことをやっていたのを見ているから、そういうことを始めないと、僕の中で生きている意味がないんじゃないかって。別に先輩をディスっているわけではなくて、決められたレールの上で自分がやりたいことでもないのにただ盲

目的に従ってそれを続けるとか、そういうことは自分には無理だなと思ったの。朝起きることさえまともにできないんだからさ」

（一同笑）

**亮吾**「自分がやりたいことを自由に消化できることが理想」

**大吾**「朝、寝ていたいというのは違うんじゃない？（笑）」

**亮吾**「例えば、1時間**やりたくない仕事をしたときと、やりたい仕事をしたときのパフォーマンスって、全然違う。**やりたいことをしたほうが、絶対的に面白いものが作れると思うわけ。僕は昔から自分で何かを作るのが好きで、それを認められることが喜びなの。問題を作って、お兄ちゃんたちがそれを見て

『面白い』と言ってくれる瞬間がたまらなく好きだった！　だから自分でも、もっとぶっ壊して生きていいのかなと思ったのがきっかけかな」

**彗吾**「それで謎解きクリエイターになったわけだ」

**亮吾**「そう。当時謎解きって全然流行ってなかったし、謎解きといっても『何それ？』みたいな感じだった」

**大吾**「テレビで流行らせたのは亮吾だよね」

**亮吾**「テレビで謎解きをするにはどうしたらいいのかを考えた」

**怜吾**「**まさにパイオニアだよね**」

**亮吾**「もともと脱出ゲームって、流れが必要だし、最後にすべてを回収しなければいけないような決まりがあったけど、テレビ映えするには1問で全部を完結させた方いいと思って始めたら、めちゃくちゃ流行った。市場もどんどん拡大して、『謎解きブーム』とまで言われるようになって……。とりあえず、〝第一歩はクリアしたな〟という実感はあった」

**彗吾**「なるほどね」

**亮吾**「一応、ピラミッドを作ることはできたけど、自分がめちゃ稼いでいるわけではないから、**もっと上に行くには、本当に憧れてもらえるようになって、たくさんの人が自分もやりたいと思えるような文化にしないとダメ**かなと。そういう意味では、大吾はすげえなと思ってる」

**大吾**「俺はピラミッドも許さなかったからね」

**亮吾**「ただ途中で『メンタリスト DaiGo の弟』を世間に解禁したことは、今でも後悔してる（笑）」

**大吾**「正直に言うと、**公表しないで成功したことはすごいと思った。**ただ、1度公表したら、完全に味をしめてなかった？　末っ子の特徴で、『あ、ちょっとこれおいしいかも』と思ったら、自分から積極的に言ってたよね」

**亮吾**「（苦笑）」

**大吾**「今でも『ちょっとおいしい』と思ってるよね（笑）。だって俺がYouTubeとかTwitterで厄介な絡みをすると、確実にリツイート数は増えるし、YouTubeもアクセス数が増えること知っているもの」

**亮吾**「（苦笑）」

**大吾**「亮吾が歌った動画を一度おちょくって出したじゃない？　あの動画、すごく再生されてたでしょ」

**亮吾**「たしかに……」

**大吾**「最初は同じくらいの再生回数だけど、曲って何回も再生されるから、初速さえいけばあとは伸びるのよ。だから今は、俺のギャグ動画よりも亮吾のほうが上いってるし、亮吾が出している他の歌の動画に比べても、あれが一番伸びているはず。たぶんおいしいって思ってるでしょ？この件について、なにか言い返すことある？」

**亮吾**「『香水』よりも『猫』の動画のほうが伸びています（笑）」

**大吾**「おお、いいじゃない」

**怜吾**「僕は、母親が病気をして、父親が家にいる時間が長くなった頃から、**改めて家族のつながりが大事だと思ったし、いまこうしてみんなで集まれていることもすごく嬉しい。**自分も家庭を持つようになったら、こういう家庭にしたいなと思った」

**大吾**「コメントが真面目過ぎて面白くないから、もう少しワインを飲んだほうがいいよ（笑）」

**怜吾**「あと、楽しく生きようとは思いました！」

**大吾**「彗吾がしゃべってから話そうと思ってたけど、忘れちゃうといけないので先に言うね。母親が亡くなる前後で何が変わったのかというと、亡くなった後、それぞれが急速に特定の方向に進み始めた。**時間は有限なんだ、できることがあるのにできていなかった、という現実をみんな改めて痛感した**わけだ。そのおかげで方向性が定まって、怜吾は薬学部に行って、その後は調香師になって、彗吾はもう超絶敏腕プログラマーですよ。収入や成果物の面からみても『超絶エンジニア』になったよね。亮吾はお茶の間で人気の『かわいいみんなの亮吾さん』みたいな感じになった」

（一同笑）

**怜吾**「僕はママにぎりぎりスーツ姿を見せられた」

**悟**　「入学式のときにスーツを着ていったんだよな」

**彗吾**「そのスーツは、パパに捨てられちゃったんだよね」

**怜吾**「太って体型が変わらない限り、一生着られるいいスーツを買いなさいと、大吾に連れられてバーバリーに買いに行った。小物含めて全部で12万くらいした入学式のスーツをパパにうっかり捨てられた」

**悟**　「ベルトは捨ててないよな?」

**怜吾**「そうだけど……あれは、もったいなかった」

**大吾**「別にスーツを捨てたことを正当化するわけじゃないけど、モノじゃないよね。どれくらい思い出に残っているかどうかという話であって、モノではないなというのはすごく思うんだよね。**大事なモノって目では見えな**

**い。人間関係も同じで、関わる人が増えれば増えるほど、誰が大事なのかがよくわからなくなる**し、人生でもいろいろなことをやろうとすればするほど何が大事なのかが見えなくなってくる。母親が亡くなる前は、兄弟の誰もが、何をやればいいのかわからなかったというか、やればいろいろできるんだけど、何に手を付けていいのかわからない状態だった。それが、母親を亡くしたことによって、『これに手を付けてみよう』という**覚悟がみんなに芽生えてきて、少しずつ兄弟がそれぞれ違う道に進んでいけた**んだと思う」

**亮吾**「たしかに……」

**大吾**「母親には生きていてほしかったなとは思うけど、近しい人の終わりを見せつけられたことで、切迫感になり、僕たち兄弟の人生が前に進むきっかけになったんだろうな」

**悟**「しばらくは、ママの遺品とか捨てられなかったよな……」

**怜吾**「そうだね……」

**悟**「ママが亡くなる前後で一番変わったのは彗吾だけど、四兄弟の中で誰よりも先に親になって、子育ての大変さもわかったはず。**ママは四人も育てたんだからスゴイ**よな」

**彗吾**「うん……」

**悟**「彗吾の結婚式で感激して泣いて、何もしゃべれなくなったのは、お前がオギャーと生まれてから結婚するまでのいろいろな出来事が、走馬灯のように駆け巡ったからなんだよ」

**大吾**「走馬灯って……（笑）」

**悟**　「しかも、ママの顔も浮かんできて……。ほら、ママの写真を持ってきてたでしょ。あれで余計に感極まってしゃべれなくなっちゃったんだよ」

**彗吾**「ああいうとき、本当はしっかりしゃべれるタイプだもんね」

**悟**　「だから余計に恥ずかしくてさ。詩吟の先生もいらしてたからね」

**彗吾**「逆にあれで良かったんじゃないの?」

**悟**　「感動したと言ってくれたけどさ」

**彗吾**「**自分の人生はお先真っ暗だと思っていたので、結婚式のときはいろいろと思うところはあった**よ。兄弟に迷惑をかけていた部分も多かったので、兄弟への感謝の言葉と、あと両親への感謝の言葉として父親にだけ渡したけど、あんなに長い手紙は初めて書いた」

**悟**「お前にあれだけの文才があるとは思ってなかった」

**怜吾**「父親にラブレター？」

**彗吾**「いやいや、ラブレターじゃないけど（笑）」

**悟**「結婚式が終わって手紙をもらったときには、彗吾も一人前になったなと思いましたよ」

**怜吾**「彗吾の結婚式が人生初の結婚式だったから、友人の結婚式に出席しても少し物足りなく感じてしまった」

**大吾**「人の結婚式ってそうかもね」

**怜吾**「身内だからこそ、感動する部分はあるよね」

**大吾**「とにかくうちの親父さんは、典型的な江戸っ子っぽい感じの、両津勘吉の漫画に出てきそうなタイプだから。周りが思っているような、**超いい環境で、超熱心な教育パパ、ママだったわけではない**」

**悟**「確かに教育パパではないね。とにかく、みんなが健康に育ってくれているから、それが一番だよ。勉強がどうのこうのじゃなくて、**元気に育っている姿をいまこうしてこの目で見ていることが一番嬉しいね。**本当にそう思います！」

**大吾**「ママに後悔した分、パパが元気なうちにみんなで何かしようと考えたのが、この本の企画だからね」